卒業写真に写る
同級生たちの戦後

池田大作名誉会長の羽田時代

平林 猛
Hirabayashi Takeshi

展望社

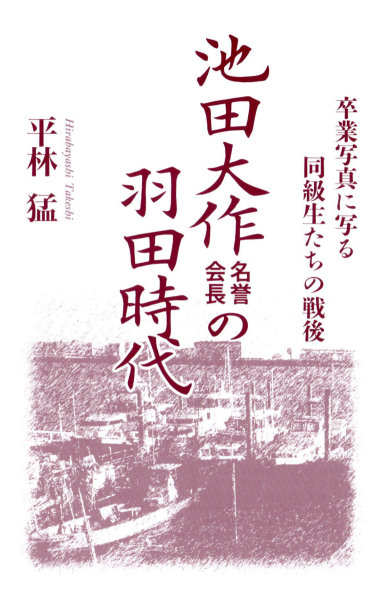

東京市荻中国民学校第８回二男四組卒業生（昭和 17 年３月）。若い彼らにも戦争の重圧がひしひしと迫っていた……。（３列目右から２人目が池田大作少年）

池田大作名誉会長の羽田時代　目次

現在の読者が理解しやすいように注釈をつけた［注印］。
章末にまとめてあります。

戦争のはざまで

羽田からの旅立ち

復刊にあたって

「ノー！　パサラン！」（No Pasaron!）。

最近、この歌をよく聞く。「戦争法案」反対のデモが盛んに行われていた国会周辺や若者たちが集まる渋谷のスクランブル交差点。

「ノー！　パサラン！」

スペイン語である。

日本語だと「奴らを通すな！」

つまり、国会周辺や渋谷のスクランブルで叫ばれているのは「戦争法案」を通すなの意味なのか。

もともと「ノー！　パサラン！」は第一次世界大戦後のスペイン。ファシスト台頭のフランコ政権下、スペインの「情熱の花」と呼ばれた共産党の女性闘士、ロドルリ・イバルリがマドリードのラジオ放送を通じて「ノー！　パサラン！」「奴らを通すな！」と叫んだスローガンであった。そのスローガンに南米ニカラグアの反政府の闘士であり作曲家のカルロス・メヒア・コドイが詩と曲を付けたのである。

日本でも、勘の鋭い若者たちが、国会周辺や路上で歌い出したのである。

その曲を晩秋の或る日、また聞いた。憲法九条を守れと頑張る「九条の会」のシャンソン・コンサートでであった。

「ノーパサラン！」

「戦争法案を通すな！」と。


最近、何かおかしい。悉《ことごと》く、尻《しり》の座りがむず痒《がゆ》い。「ノーパサラン！」「奴らを通すな！」と叫びたくなることが多すぎる感《かん》がするのは私だけであろうか。


さて、私は今から四十数年前、「一葉《いちよう》の写真」を持ち、東京の最南端の町・羽田の路地裏を歩き回ったことがある。

その「一葉の写真」とは、戦前、東京羽田にあった萩中《はぎなか》国民学校の卒業アルバムに貼られていた写真である。粒子《りゅうし》が荒れ、茶褐色《ちゃかっしょく》に変色し、時の流れを感じさせる手札大の写真であった。写真には四十四人の卒業生たちが写されていた。その中に、国民服を着て、口を真一文字に結び、正面を見据《みす》える一人の少年の姿があった。その少年の名は池田太作と言った。大作の「大」が「太」と、違いこそあれ、戦後の日本の宗教界や政界を揺るがせ、八十八歳になる今でも、信者数百万人の頂点に立つ創価学会名誉会長池田大作氏の少年時代の姿であった。

その時の記録が本書であり、元の書名は『巣立ちの日々〜池田大作の蒲田時代と四十三人の同級生たち〜』である。


さて、「一葉の写真」に写る四十四人は昭和二年（一九二七）四月から、三年三月の間に生まれた少年たちである。彼らの生まれ育った時代は、大正天皇が崩御《ほうぎょ》、かすかな自由を謳歌《おうか》し、ロマンチックな雰囲気をかもし出していた大正時代が幕を閉じ、地の底から軍《ぐん》靴《か》の響きが鳴り始め〝戦争の時代・昭和〟が幕を開けていた。

ヨーロッパではニューヨーク・ウオール街から発した大恐慌《だいきょうこう》の嵐が吹き荒れ、不況に喘《あえ》ぎ、ナチス・ヒットラーが蠢《うごめ》きだしていた。

一方、アジアでは西欧列強の植民地からの独立運動が激しさを増しだし、中国大陸では、権益《けんえき》をめぐり、日本の軍閥と西欧列強との謀略《ぼうりやく》が渦巻《うずま》き、一触即発《いっしょくそくはつ》の状況にあった。

そして、国内では「治安維持法《ちあんいじほう》」が公告、それに伴い「特高警察《とっこうけいさつ》」が設置され「赤狩《あかが》り」が始まり、暗く血なまぐさい時代への序曲が不気味に鳴り響き出していた。

彼らが小学校に入学する頃には満州事変、五一五事件、満州国建国、国際連盟脱退、さらに日本は帝国主義化を進め、国名まで「大日本帝国」と定め、「皇国《こうこく》の民」教育を津々浦々に浸透《しんとう》させていた。もちろん、言うことを聞かない不逞の輩《やから》は「非国民」とのレッテルを貼られ、社会から排除されだしていた。

そんな時代に四十四人の少年たちは東京の最南端の町、羽田に生まれ育ったのである。

彼らが生まれ育った羽田は、かつて東京湾に注ぎ込む多摩川の河口に面した静かな漁村であった。

そんな羽田が急速に工業地帯へと変化させられたのには大きな理由があった。それは西欧列強諸国と無謀《むぼう》にもアジアの覇権《はけん》を争おうとしていた大日本帝国にとって羽田は絶対に必要な場所であった。何故なら、地理的に見て羽田は、帝都東京に近く、明治時代に開港された横浜が近くあった。さらに工業地帯の条件の一つに工場用地の確保があるが、それは眼前に広がる東京湾が担保されていた。さらに原材料や完成品の輸送基地は横浜港が確保されていた。

その結果、羽田の豊かな海は埋め立てられ、黒煙を吐き出す煙突が林立し、白魚が泳ぎ、赤銅色した漁師たちが活き活きと船を漕いでいた海には、油臭い汚水が流れ出し、漁師町羽田一帯は、貪欲《どんよく》な時代の流れの中で大工業地帯へと変貌させられていったのである。

また、羽田が大変貌させられたもう一つの理由は、航空機時代の到来であった。為政者《いせいしゃ》たちは大日本帝国の帝都東京にふさわしい飛行場が必要であった。そんな中で、白羽の矢が立てられたのが羽田であった。その理由は帝都東京に近く、拡張スペースに、何処までも水平な東京湾が目の前にあったからである。当時、羽田には、小さな民間飛行場があった。飛行場とは言っても、粗末なもので、滑走路は東京湾に流れ込む多摩川の土砂が堆積《たいせき》した中州を利用していた。そんな訳で、満潮になると水没し、近所の子どもたちが海水浴や潮干狩りに興じていたという。そんな羽田飛行場を拡張し、大日本帝国にふさわしい飛行場として整備していったのである。整備された飛行場からは福岡や大阪、さらに朝鮮半島の京城《けいじょう》（ソウル）や大陸の大連《だいれん》、奉天《ほうてん》などへ頻繁《ひんぱん》に飛び立って行った。三菱や中島飛行機で製造され双発の旅客機には関東軍の軍人や満鉄の職員たちが搭乗し、大陸各地に飛んでいたのである。つまり、羽田は日本の大陸進出の一つの拠点であったのである。

京浜工業地帯の成立と羽田飛行場の拡張は当然の如く、羽田に大きな雇用を生んだ。それに応え、当時、貧困に喘いでいた北海道や東北などの農村から、働き口を求めて多くの人たちが羽田の町に移り住んできた。路地裏には子どもたちが溢《あふ》れ、多くの小学校が次々と増設されていった。

「一葉の写真」に写る池田大作氏を含めた少年たちは、そんな羽田に生まれ、昔の漁師町の面影が残る路地を駆け巡り、元気に育っていた。

「戦争は始めるときに始められるが、やめたい時にやめられない」。

これは、『戦術論』や『君主論』の著者で知られるイタリアの思想家ニッコロ・マキアヴェリの格言だが、その格言を忠実に守るかのように日本は日中戦争、太平洋戦争へと戦局を拡大し、果てしない泥沼に転げ落ちていったのである。

「一葉の写真」が撮影されたのは、真珠湾奇襲攻撃によって太平洋戦争が勃発、まだ、緒戦の勝利に日本中が戦勝気分に沸いていた昭和十七年（一九四二）の春、三月のことである。

国民学校高等科を卒業した彼らはまだ十四歳であったが、〝皇国の民〟として本懐《ほんかい》を遂《と》げるべく戦場に勇んで駆け出していった。

ある少年は〝豆戦士〟として陸軍航空隊へ、ある少年は〝お国の為〟と予科練へ、ある少年は「五族協和《ごぞくきょうわ》・王道楽土《おうどうらくど》」へ夢を抱き〝鍬《くわ》の戦士〟として満蒙開拓青少年義勇軍《まんもうかいたくせいしょうねんぎゆうぐん》へ、また、多くの少年は〝産業戦士〟として京浜工業地帯の軍需工場へ参戦して行ったのである。勿論、池田太作少年もその一人であった。

そして終戦。

無謀な戦争に終止符が打たれたが、悲惨《ひさん》な現実が彼らを待ち構えていた。

〝豆戦士〟として意気揚々《いきようよう》と出征した少年は南方の空に消え、〝鍬の戦士〟として大志を抱き、大陸に渡った少年は凍土《とうど》の土と化し、また、ある者は厳冬のシベリアに抑留《よくりゅう》された。

そして〝産業戦士〟として軍需工場に参戦していった、多くの少年たちを待っていたのは、米軍の容赦《ようしゃ》ない空爆を受け、家も学校も跡形もなく消え去り、焦土《しょうど》と化した羽田の町であった。

運良く生還した多くの少年たちは、すぐさま飢えが襲い〝生きるための戦争〟に突入していったのである。ある少年はすばしっこい目をギラギラさせながら闇市《やみいち》を徘徊し、ある少年は逮捕されるのを承知で、買出し部隊に参加し、またある少年はそれまで戦っていた米軍で働くなどなど、辛酸《しんさん》を舐《な》めながら、焼け野原と化した巷を、すべての価値観が崩壊した荒波渦巻く中をどっこい生きていったのである。

しかし、現実は日本全国がそうであったように、羽田一帯も「病」（病気）「争」（争い事）「貧」（貧困）が蔓延《まんえん》する巷であった。

十七歳であった池田太作少年を含めた四十四人の少年たちはそんな巷に漕ぎ出して行ったのである。

その結果は……。

下請けのまた下請けの鋳物屋《いものや》のオヤジ、兵隊の時に取った運転免許を生かしてタクシーやトラックの運転手、破産に破産を繰り返しながらパチンコ屋の経営者、闇市で習い覚えた魚の捌《さば》きを生かして、粋なすし屋の旦那に、家業を継いだ米屋、スパナー一本腰に工業地帯を渡り歩く機械工、中国人に「ラーメン屋は儲かるよ」と言われ、中華料理屋を開いたオッちゃん、盛り場のバラック建ての喫茶店でサッカリン入りのミルクセーキを売りまくってビル経営者に、などなど少年たちはそれぞれのほろ苦い人生行路を歩んだ〝偉大なる庶民〟であった。

しかし、病弱であまり目立たなかった池田太作少年の生き方は違った。まず、信仰によって〝弱者から強者〟へ、変え、自らの「人間革命」を行った。そして「太作」を大作に、妻である「かね」を香峯子と夫婦揃って改名し、萩中国民学校高等科を卒業してから十三年経た昭和三十五年（一九六〇）、信者一千万人の頂点、創価学会第三代会長に駆け上がったのである。

時は六十年安保が終わり、政府は所得倍増政策を唱え、世は高度成長経済に突入していった。だが、巷は「争」「貧」「病」が蔓延《まんえん》していた。そんな人々の心の襞に深く、「現世《げんせ》利益《りやく》」を説《と》き、「信じる者は救われる」とばかりに強引な折伏《しやくぶく》大行進と「邪教《じやきよう》」打倒作戦を展開し、まるで強大なバキュームカーで塵を吸い込むように庶民の〝悩み〟を吸い上げて行ったのである。その主戦場になったのが、「一葉の写真」に写る四十四人が生まれ育った羽田一帯であった。

まさに、氏は、混沌《こんとん》とした不安な時代が産み落とした「風雲児」であった。

だが、池田大作氏の〝根《ね》〟は「一葉の写真」にある。

「いや、夜、こっそり一人で、萩中国民学校のあった辺りを歩いたことも」と氏は語る。

その〝根〟とは、無謀《むぼう》な戦争に狩り出されて死んでいった兄や同級生への惜別《せきべつ》の情、そして悲惨な空爆で焼け野原にされた人々の恨みであり、怒りである。


さて、私事で恐縮《きょうしゅく》ですが、実は私も、歳こそ違え、四十四人が生まれ育った羽田の生まれである。生まれたのは太平洋戦争が始まる直前の昭和十六年(一九四一)。その年の暮れ、十二月八日には奇襲作戦《きしゅうさくせん》の真珠湾《しんじゅわん》攻撃が開始され、宣戦布告《せんせんふこく》なき太平洋戦争がはじまったのである。父は東京湾で漁をする木造船を作っていた船大工であった。

忘れもしない昭和二十年三月、〝史上最大の火災〟とも言われた米軍の容赦《ようしゃ》ない空爆が行われた。灯火管制《とうかかんせい》がひかれ、鳴り響く空襲警報《くうしゅうけいほう》。グアムやサイパン、空母から発進された長距離戦略爆撃B29と艦載機《かんさいき》は、爆弾と焼夷弾を満載、編隊を組み相模湾上空から富士山を目標にして侵攻、関東地方に進入、激しい爆撃を展開したのである。その時の爆撃は熾烈《しれつ》を極めた。まず、ガソリンを上空から散布、その後に、〝木の家〟を燃やすために開発された焼夷弾《しょういだん》(後のベトナム戦争で使われたナパーム弾の原型)を碁盤《ごばん》の目のように落とし、木造の家を焼き尽したばかりか、さらに巨大な破壊力のある爆弾を投下したのである。脆弱な木の家の町は、たまったものではない。町は瞬く間に火の海。そんな町中を、逃げ惑《まど》う人々、工場や消防署、神社や寺、銭湯も漁船も、とにかく無差別《むさべつ》爆撃であった。爆撃機が飛び去った焼け野原には、軍需工場の焼け爛《ただ》れた鉄骨や神社の石鳥居、銭湯の煙突などが夜空に空しく立ち尽くしていた。私は長男だったので「死ねばもろとも」とばかり父の背で、火の粉を被りながら羽田の町を逃げ惑っていたのである。

終戦は四歳の時。家は羽田飛行場の近くにあったため、標的からそれ、消失は免れた。だが、異なる事態《じたい》が待っていた。その事態とは終戦の年の九月二十一日、羽田飛行場を占領した進駐軍による四十八時間の強制立ち退き命令であった。家はブルドーザーで壊され、住み慣れた地をカービン銃を突きつけられて追い立てられ、仕方なしに一家は、大八車《だいはちぐるま》に家財道具を積み込み、多摩川の河川敷にあった造船所の仮屋に移り住んだ。占領された羽田飛行場は、飛べない日本軍の飛行機や格納庫、民家、神社など取り壊して埋め、その上に多摩川の土砂や砂利を被せ、ブルドーザーで固めたて滑走路を造り上げた。その滑走路には米軍機が飛来し、占領された飛行場は占領軍によって厳重に管理され、入ることすら出来なかった。幼かったが、〝負けた〟という事実を〝占領〟という現実で確信できた貴重な体験であった。

生まれ育った地を追われた父であったが、空爆によって壊され、漁の出来なくなった漁船を直し、家を直し、焼け野原で、放心状態の町に祭りを復活させたりしていた。また、人情家であった父は、幼くして親を失い、焼け跡を彷徨《さまよ》う、多くの戦災孤児を造船所の仮屋に住まわせ、闇船を仕立て、警察官に追われながら、食糧を調達していた。父は口癖のように「なんでこんな馬鹿な戦争をしたんだ！」とむなしさのあまり、嘆き悲しんでいた。

そんな父が家業の船大工を廃業し、〝陸《おか》〟に上がったのは、皮肉にも、日本復興の原動力となった東京オリンピックであった。開催のために羽田空港と都心を結ぶ首都高速道路一号線が建設された。そのため、豊な漁場であり、漁師たちの暮らしの場であった東京湾沿岸は埋め立てられた。海を失った漁師たちは〝陸〟に上がった。父の家業はその漁師たちの船を造ることであった。

「俺の代で船大工は終わりだ」と寂しそうに、静かに道具を置き、廃業した。

それから、私は羽田を離れ、都会の根無し草になった。

「一葉の写真」に写る四十四人の同窓生ばかりか、日本全国民、さらに全世界を巻き込み、六千万人とも八千万人とも言われる戦死者を出した人類史上最大の戦争、第二次世界大戦は、民主国家、アメリカ、イギリス、フランスそれに共産主義国家連合が、「ファシズム」

国家ナチスドイツ、イタリア、それに大日本帝国を駆逐した〝良い戦争〟と位置づけられ、平和な世界が訪ずれるはずであった。。

だが、それは束《つか》の間《ま》の幻想に帰した。

この七十年間、地球上のどこかで戦争が絶え間が無く行われている。東西冷戦の間で勃発した朝鮮戦争、ベトナム戦争、湾岸戦争、アフガン戦争などなど、さまざまな地域で大きな悲劇を産んでいる。さらにニューヨーク、パリなどで発生する同時テロ。その報復と空爆の連鎖は止まることを知らない。

不思議なことに何故か、総てアメリカ絡《がら》みである。アメリカはこんなにも戦争が好きなのかと思いたくなる。いや、アメリカは手を変え品を変え、地球上のどこかで戦争をやっていないと成立しない国家なのかもしれない。そんなアメリカに、いま、日本は……。

戦争には「良い戦争」も「悪い戦争」もない。戦争は多くの人が死に、長い歴史の流れの中で築き挙げてきたさまざまな文化を一瞬にて根底から突き崩してしまうのである
本書の取材で池田大作氏にインタビューを試みた。アーノルド・トインビーやアンドレ・マルローなどの世界の著名な哲学者や文化人と世界平和を語り合う氏は、

「戦争ほど残酷なものはない。戦争ほど悲惨なものはない」

と反戦、世界平和を語っていた。また、同様なことを氏の長編小説『人間革命』にも書いている。

それは、「一葉と写真」に写る四十四人と同じように悲惨な体験をしたことが根底にあるからだと思える。

今回、偶々《たまたま》、本書を復刊することになり、私は四十数年ぶりに〝わが町・羽田〟を訪れてみた。

その日は師走の肌寒い日の夕刻であった。

私は、「一葉の写真」に写る顔を捜し求めた。

家々の軒先をかすめゴトゴトと車体を揺らせて走っていた穴森線は空港線と名を変え、地下化され都心からの直通電車が、拡張に拡張を重ね、巨大化した東京国際空港からの旅行者を運び、多摩川の河畔はカミソリ堤防が要塞の思わせるかのように築かれ、潮風が吹き抜ける川べりは町から離れ、トラックが走り抜ける産業道路は拡幅されていた。私が四十数年前に路地裏をさまよった〝わが町・羽田〟は、細い路地が入り組み、まるで迷路のような状態は依然と変わらなかったが、懐かしい漁師町としての味が薄れかけ、何の変哲の無い町になっていた。ただ、時の流れか、重工業中心だった工場は半導体やゲーム機などのハイテク産業の工場に様変わりし、風情のあった家々は味気の無いマンションに建て変わっていた。

そんな町を彷徨い歩いたが、四十数年の時の流れは、「一葉の写真」に写る四十三人の姿を歴史の襞の中にかき消していた。

「羽田のアナゴは天下一品！」

私は懐かしい〝わが町・羽田〟の味を求めて居酒屋に飛び込んだ。

カウンターに陣取り、煙草の煙に燻され、変色した壁に貼られたメニューを見ると、そこにアナゴの煮凝《にこご》り、肝の甘露煮《かんろに》、白焼《しらや》き、さらに名物の鯊《はぜ》の天婦羅と書かれていた。

40数年ぶりに〝わが町〟羽田を訪ねた著者

「おかあさん、アナゴをお願い」と脂ぎった女将にたのみ、ぬる燗を口にした。

「大将、羽田も変わったね」と、板場で忙しくアナゴを捌《さば》く、亭主に聞いた。

「いや、変わっちまった。これも時の流れだよ。でも、変わらないのはアナゴの味かな」と笑っていた。亭主の父は、戦前、秋田県から〝産業戦士〟として羽田に移り住んだ一人であった。
「秋田の郷《さと》に墓があるが、みんな都会に出てしまい、帰っても今は誰も居ないよ」
と、ぼそぼそと呟《つぶや》いた。
暫くして、私は闇に沈む、〝わが町・羽田〟を後にした。
車は、光の海の中をうねるように伸びる高速道路を走り抜けていった。
耳の底から、あの「ノー！　パサラン！」「奴らを通すな！」の旋律が響いていた。

巣立ちの日々

プロローグ

「一葉の写真」は〝時代〟を無造作に切り取っていた。〝時代〟の喜びも悲しみも、生も死も、怒りも快楽も、一切の感情を無視して——。

茶褐色《ちゃかっしょく》に変色したフレーム、極端に粒子の荒れた写真、時の流れを明らかに物語っている。

思い思いの服装に身を包み、緊張の面持ちでカメラを見つめる瞳《ひとみ》。一、二、三、四……四十四人の少年たちが整然と並んでいるこの写真は、いまから三十数年前に撮影された何の変哲もない、ごく当たり前の卒業記念写真である。

しかし、このメモリアル・スチールに現代史を塗り替えようとしているある男の知られざる昭和史が秘められていることを知った時、私は思わず、「アッ！」と叫んでしまった。

それは一瞬、強烈な感動と衝撃が突っ走る思いでもあった。

その中に《池田太作》という少年がいる。この少年こそ、現在の創価学会会長池田大作氏だったからである。


暑い！……

机の上の扇風機が、あたりの熱気を攪拌《かくはん》しながら、かすかな風を送ろうと必死に首を振っている。

私がこの仕事を始めだした一年前も、たしか今日のようなけだるい暑い日だった。だが今日は、より深く、身も心も沈み込むようだ。朝からつけっ放しのテレビは、ヒステリックに「田中角栄逮捕！」を叫び続けている。

「これで戦後は終わった……」

「角栄は郷里の英雄、いや、日本の英雄だ！」と。

だが、言い知れぬむなしさだけが響き、ひろがっていくようだった。

時代は人間を貪欲《どんよく》に欲求する。戦後の混乱期から高度成長経済の真っただ中を突っ走り、鋭い動物的な勘と強力な〝金力〟で日本列島を鷲《わし》づかみにして高笑いした男の失墜の日だ。

田中角栄も、時代に激しく欲求され、時代に翻弄され、歴史の暗黒の襞に埋没していく人間なのであろうか。

私はこれから、田中角栄の話を書こうとしているのではない。創価学会会長池田大作氏の少年時代と、偶然にも「一葉の写真」のフレームに切り取られた同級生四十三人の少年たちの話をしようとしているのだ。ただ、書き始めようとした日が、昭和五十一年七月二十七日、奇しくも〝角栄失墜の日〟だったのだ。

だが、田中角栄が〝時代〟が欲求した人間であるならば、私が、これから話そうとしている池田大作氏も〝時代〟が欲求した人間である。混乱と不毛の戦後の激動期から、空漠《くうばく》とした高度成長期を生き抜いてきた人々が、錬金術的につくりあげた一人の〝生〟の人間ではなかろうか——。

池田大作氏は〝昭和〟とともに生き抜いてきた人間だ。もちろん「一葉の写真」に写る同級生四十三人の少年たちも——。

私は「一葉の写真」に写る人たちの〝生きざま〟を追跡することによって〝人間池田大作〟にスポットをあて、また〝昭和〟なる時代の〝生きざま〟を考えてみることにした。

このレポートは、池田大作氏を含めた四十三人の少年たちが少年時代を過ごした東京の最南端「羽田風土物語」でもあり、そして「もう一つの池田大作物語」である。

深い記憶

'75年初冬——。烈風吹きすさぶ寒い日だった。

茶褐色《ちゃかっしょく》に変色した「一葉の写真」を持って、東京・千駄ヶ谷の日蓮正宗国際センターに創価学会会長池田大作氏を訪ねた。氏は、ダークスーツに身を包み、五、六人の同センター職員と一緒に玄関まで出迎えてくれた。

「ようこそ、池田です」

と、右手を差し出し握手をして建物の中に招き入れた。

氏の手は、肉づきがいい。真冬だというのに、少々汗ばんですらいた。私の右手を包み込んだ、この肉づきのいい〝手〟には、創価学会員一千万人の生きる苦悩と喜びと血と汗が浸み込んでいるはずだ。

取材は同センターの二階の、三十坪（約百平方メートル）ほどの大広間で始まった。

「この写真ですが……」

氏は、私の差し出した写真を食い入るように、じーっと見ていた。やがて顔をあげて遠くを見る眼差しに変わった。その顔には、かすかではあるが、三十数年前の「一葉の写真」に写る《池田太作》少年の面影があった。

「名前と顔が一致しないかもしれませんが、ほう、二男四組でしたか……記憶にないな。これは正木君。これは荒井君ですか。それに、優秀だった松原又右衛門君。あ、これは田中君ですね。懐かしいです。もう少し考えていくと一致するかもしれません。去年の九月でしたか、ソ連の文豪、ショーロホフ[注1]と会いまして『青年時代の思い出を……』と尋ねましたら、『いや、歳《とし》をとるにしたがって記憶は薄らいでしまうものですよ』といって、それっきり答えなかったですよ」

三十数年前の写真を、突然見せられた氏は、深い深い霧の中から記憶の糸を懸命にたぐり寄せようとしているかのようであった。

懐かしい「一葉の写真」から目をはなさない氏に、「死亡」の二文字で自らの〝昭和史〟にピリオドを打った数人の同級生のことを告げた。氏は、三十数年前に別れたままの同級生たちの死を知らなかった。

「え！　亡くなった人がいたんですか。山下君、知ってます、知ってます……そうですか、非常に端正な顔をしていましてね、長身でした。病気ですか。そういえば、どこか弱々しいところがありましたね。直井君もですか……。え、荒井君も、原沢君も亡くなりましたか。ちょっと大きい感じでしたね、原沢君も……。やはり、どちらかというと、体格のいいほうだったですね。大陸に行った藤井君もですか。送りましたよ、盛大に。いい青年でした。まじめだったです。植頭《うえず》君も、知っています。事故死ですか……」

机を並べ、相撲をとり、浜辺で一緒に泳いだ同級生たちの死があまりにも多いのに驚き、氏の顔は曇り、一瞬の沈黙がただよった。

私は、氏の深い沈黙の底に、幼い友たちの〝私的な昭和史〟を静かに語りかけた。氏は、まるで自分自身の〝昭和史〟を聞いているかのように、幼い友たちが経験した苦渋《くじゅう》の〝昭和史〟の中に染まっていった……。

一葉の写真

暑い夏の日だった。私は「一葉の写真」に写る人たちの〝現在〟を捜し求めて、東京・羽田の路地裏にさまよい込んでいた。

池田大作氏を深く沈黙させた写真は、三十五年前、東京・羽田穴守《あなもり》町（現、東京国際空港敷地内）の「メリー写真館」で作製された「昭和十七年三月　東京市萩中《はぎなか》国民学校卒業記念写真帳」と上書された粗雑な小冊子にはり込まれていたものだ。

古びた写真帳の一ページ目には、木造の校舎を背景に校門。日の丸と校旗がうやうやしく交差され、その下を数十人の生徒たちが登校する後ろ姿が写され、左上の楕円《だえん》の中には丸い眼鏡をかけた校長。次を開くと、十数人の先生が校長を中心に二列に思い思いの服装で並んでいる。その次のページからは、二男（年）一組から五組までの男子生徒。そして、二女一組から三組までの女子生徒。平均一クラス四十数人の生徒たちがそれぞれ五列に並

木造校舎を背景に日の丸と校旗が交差する萩中国民学校

んで写っている。

私の手元の写真は「高等科二男四組」のもので、そばに生徒の住所氏名が刷り込まれている。「二男四組」の生徒は四十四人。少年たちは、校舎と藤棚《ふじだな》を背に五列に並んでいる。時代を反映してか、全員丸坊主に刈り込み、胸に名札をつけ、真剣な顔で正面をにらみつけている。が、服装は各人まちまちで、普通の学生服を着た少年もいれば、国民服改造組もいる。中には下駄《げた》ばきスタイルの少年も。

三列目の向かって右から二人目、口をきりりと結んだ少年が、池田大作氏だ（口絵参照）。私は、名簿を見た時には、一瞬信じられなかった。なぜならば、名簿には〝池田太作〟となっていたからだ。

氏は昭和二十八年十一月に改名していたのである。氏の著書「私の履歴書」の中で「私のもともとの名は太作《たいさく》であった。……小学校のころから、兄弟や友だちが私のことを『ダイ!』『ダイちゃん!』と呼ぶようになった。身体の小さかった私に『ダイ（大）』と正反対の言葉をいい、多分にからかう気があったように思われる。いずれにしても自然のうちに『ダイサク』で統一されてしまっていた」と、自ら書いているが、このへんのいきさつを氏は「当時、多くの学会員や友人から来る手紙、また通知とか辞令までも〝大作〟になっていることが多く、戸田前会長から『わずらわしいから』ともいわれて、それで戸籍でも大作にしました」と説明してくれた。

池田大作氏は〝太〟の字の黒々とした点を、どこかに置き忘れてきたのではないか。そのどこかとは、私はふと、私の手元にある「一葉の写真」の中に……ではないかと思った。

さて「一葉の写真」に写る《池田太作》少年は、間違いなく現在の池田大作氏である。念を押せば、氏の「私の履歴書」の「軍靴《ぐんか》の音」と題された一節に、「尋常《じんじょう》小学校を卒業したのは、昭和十五年である。中学校に進学したかったのはもちろんである。だが家の状況からは、それを考えることだにできなかった。私は高等小学校へ進んだ」

この高等小学校とは、萩中国民学校の前身で、氏が二年に進学すると同時に布告された「皇国民《こうこくのたみ》の錬成《れんせい》」を目的とする「国民学校令」によって制度が切り替えられ、国民学校第一回卒業生になったのである。

私は、この何の変哲もない「一葉の写真」の中に、池田大作会長の少年時代が写されていることによって、とてつもないことにとりつかれてしまった。

それは、池田大作氏を含めた四十四人、すなわち同時代に生きた人たちの〝私的な昭和史〟を聞き取ってみたいという強い衝動《しょうどう》であった。

私はこの「一葉の写真」が写された昭和十七年三月なる時を求めて、果てしない船出をしていった。

幻の学校

四十四人の少年たちが住んでいた東京・羽田に、終戦と同時に消滅《しょうめつ》した一つの学校があった。それは東京市萩中国民学校――池田大作氏を含めた四十四人が卒業した学校である。

萩中国民学校は、羽田の郷土誌「羽田史誌」によれば、

「羽田小学校の児童数が増加したので現在の萩中公園の東隅に、昭和七年ごろに校舎を建て高等科（六年卒業者を入学させ二か年修業年限）の生徒を収容し、羽田高等小学校とした」

少々つけ加えれば、昭和十六年三月に発令された「国民学校令」によって、高等小学校から国民学校と名前が変更され、羽田周辺の児童たちの〝皇国の民〟の教育にあたっていた。しかし校舎は、昭和二十年四月十五日の東京大空襲で、Ｂ29の直撃を受けて焼失してしまった。戦後は、開校されることもなく、新制中学校発足と同時に消滅した。わずか四

年、戦時体制下に咲いた仇花《あだばな》的な学校である。現在ではほとんど知る人もいない。

私は〝幻の学校〟があったと思われる場所を訪ねてみた。

東京・品川から東京湾沿岸に沿って、神奈川県の三浦半島の三崎口まで走る京浜急行線の蒲田《かまた》駅から、日本の空の玄関、東京国際空港の入り口までのびる空港線がある。空港線は古い三両連結の電車が走るローカル線で、朝夕のラッシュ時には、沿線の工場や空港に勤める人たちで混雑し、ピーク時には定員の三倍もの乗客を乗せて家なみのたてこんだ町の中を、車体をきしませながら走る。この空港線は、数年前までは穴守線と呼ばれていた。穴守線の〝穴守〟とは、戦前、空港内にあった稲荷神社の名前からとったものである。戦前の穴守神社は、川崎大師についで参詣《さんけい》者が多く、神社の周辺には〝精進落《しょうじんお》とし〟の花《か》柳《りゅう》界があって、一時は芸者が二百五十人もいたといわれている。

こんな穴守線は、参詣客と東京湾で海水浴や潮干狩りをする人をあてこんで、明治三十五年に開通した、東京では比較的古い私鉄電車の一つである。

〝幻の学校〟があったと思われる場所は――？　萩中公園付近である。空港線の始発、蒲田駅から二つ目の大鳥居《おおとりい》駅で下車するとすぐ京浜工業地帯の大動脈、産業道路がある。それを神奈川との県境を流れる多摩川方向に歩くと大師橋があり、その少し手前を右手に折れると区営の公園。公園は、正式には大田区立萩中公園と呼ばれているが、このあたりは戦前、羽田町萩中と呼ばれた世帯数八百ほどの平凡な町だった。が、昭和二十年四月十五日の空襲で〝町〟そのものが消えてしまった。しかし、三十年たった現在でも〝消えてしまった町〟に本籍を持つ多勢の人たちがいる。

焼け野原には、急造の戦災バラックが建っていたが、終戦直後の九月二十一日、神奈川県の厚木《あつぎ》飛行場から飛来した米軍空港建設部隊が占領して鉄条網《てつじょうもう》の中に〝カマボコ兵舎[注2]〟を並べ建てた。返還されたのは二年後で、現在は、区営の野球グラウンド四面のほか、プール、老人会館、児童遊園地などがあり、日曜日などは近所の人たちの手ごろな遊び場になっている。

私は、公園で野球をする二十歳前後の数人の若者たちに〝幻の学校〟について聞いてみた。しかし、彼らから返ってくる答えは、予期していたとおり、「知らないな、そんな学校あったの?」「聞いたことないよ」であった。

無理からぬことである。大変貌《へんぼう》を遂げた東京、しかも三十数年もたってしまっている。

だが、砂場で遊ぶ女の子をお守りしていた老人が、「国民学校か、そういえばこのあたりだったな、たしか十年ぐれえ前まで、とり残された校門が一本たっていたっけ」と、無邪気に遊びまわる子どもたちのいる滑り台の方向を指さして、学校のあった場所を思い出してくれた。

"幻の学校"萩中国民学校跡。今は大田区立萩中公園となっている

老人は〝消えた町〟の住人だった。

「忘れもしねえや、たしか俺《おれ》の家が空襲《くうしゅう》にやられた日だよ、学校が焼けちまったのは。俺の家はな、道路沿いにあったんだ。当時は、俺も若かったから隣組の警防団《けいぼうだん》でかけずりまわっていたんだ。夜の十時ごろだったぜ。

晩めし食い終わって一息入れていたらな、あの警戒警報《けいかいけいほう》じゃねえか。ウー、ウー、ウーってな。今日はこっちがやられるんかな、と思っているうちに、蒲田のほうが真っ赤になっちまった。女房と子どもを防空壕《ごう》に逃がして外に出てみたら、このあたりも火の海になっちまった。ひでえもんだったぜ、あの空襲ってやつは。最初に一機飛んできて、空からガソリンまいていくんだ。それから編隊で飛んできて、碁盤《ごばん》の目のように焼夷弾《しょういだん》や爆弾、落としていくんだからたまったもんじゃねえよ。このあたりは朝まで焼けていたから全滅だよ。こっから蒲田が見えたんだから……」

萩中から蒲田といえば、四キロはある。それを見わたせたのだから、すさまじい。私の訪ねた萩中国民学校も、その夜、B29の直撃を受けて灰燼《かいじん》と化してしまったのだ。私は、老人が「そのあたりだった」と指さした校門がたっていたと思われる地点に立ってみた。だが、うやうやしく日の丸と校旗が交差されていた校門の跡はなかった。

もちろん、四十四人の少年たちが学び、「日本ヨイ国、清イ国。世界ニ一ツノ神ノ国。日本ヨイ国、強イ国。世界ニカガヤクエライ国」と、直立不動で読まされた教室も、そこにはない。桃色に塗られた象をかたどったコンクリートの滑り台があるだけで、学校があったことを物語るよすがすら求められなかった。

一点の傷跡《きずあと》も残さず完璧《かんぺき》に歴史の襞《ひだ》に埋もれてしまった〝幻の学校〟であった。

暗い時代

四十四人の少年たちが生まれ育った時代は暗い。東京、横浜を地の底から激しく突きあげ、破壊した関東大震災の影が長く尾をひき、ニューヨークの株式市場、ウオール街から全世界を襲った大恐慌《きょうこう》の波が日本にも押し寄せ、関東大震災のあとに乱発された〝震災《しんさい》手形〟と相まって不況のどん底にあえいでいた。失業者があふれ、映画「大学はでたけれど」がばかあたりをとり、「なぜに彼女をそうさせたか」がセンセーショナルに受けいれられていた。

一方、大陸では軍閥《ぐんばつ》と大資本が一体になって、朝鮮、中国東北部（当時満州《まんしゅう》）に侵略《しんりゃく》を開始し、［注3］五族協和《ごぞくきょうわ》に夢を咲かせ、「満州国」建国に狂奔《きょうほん》していた。

まさに、彼らは生まれてすぐさま、好むと好まざるとにかかわらず、激動の時代の歯車に噛《か》み込まれていったのである。小学校に入学する昭和十年ごろから、軍部独裁《どくさい》色がより濃くなり、「五・一五事件」「二・二六事件」「日中戦争」と、血なまぐさい事件が続き、重い暗雲が幼い彼らの上にもたれこめだしていた。

そして萩中国民学校の前身、羽田高等尋常小学校に入学した年の瀬、十六年十二月八日未明には太平洋戦争が勃発《ぼっぱつ》、日本は、地獄の底に音をたてころげ落ちていった。

卒業した十七年の春には、あの〝ミッドウェー海戦〟[注4]で戦局は大きく転換して敗色濃いにもかかわらず、銃後《じゅうご》と称せられた内地では、まだ戦勝気分でお祭りさわぎだった。「欲シガリマセン勝ツマデハ！」「一億一心」などのスローガンのもとに〝参戦〟することが、まるで自然の湧水《ゆうすい》のように国民生活の中にわいてひろがり、しみ込んでいった。

そして敗戦——。彼らは焦土《しょうど》、混乱のさなかをはいずりまわりながら〝生きる戦争〟に参戦し、戦い抜いていかねばならなかった。〝昭和で一番ワリを食った世代〟の人たちである。

実は、私事で恐縮《きょうしゅく》であるが、私自身も、彼らとは年齢こそ違え、開戦の年（昭和十六年）に彼ら四十四人の人たちが生まれ育った羽田の町に生まれた。父は、東京湾に出漁する木造の漁船を造る船大工だった。生まれた家は、終戦の年の九月二十一日、滑走路八百メートルしかなかった羽田飛行場に、厚木基地から飛来してきた米軍によって四十八時間の強制退去《たいきょ》で接収《せっしゅう》されてしまった。

その地は現在、巨大なジャンボ機が二分間に一機の過密《かみつ》ダイヤで飛びかい、金属音がたたきつけられるB滑走路の下に埋もれている。

幼くはあったが、父の背で雨のように降り注ぐ焼夷弾や爆弾の中を逃げまどい、戦後は飢えに泣いた記憶が鮮明に脳裏《のうり》に残っている。だから「一葉の写真」を見ているうちに、この四十四人の〝幼なじみ〟に言いようのない懐かしさがこみあげてくるのは当然のことだった。

「ああ、俺も彼らも……」

それは、生まれ育った時代、風土からくる同質感なのであろうか。

私が、この「一葉の写真」に出あったのは数年前である。当時、大正から昭和の激動期に東京湾沿岸で生活していた漁師や船大工の人たちの記録を集めていた私に、東京湾が埋め立てされるまで船大工であった父が、偶然、茶飲み話にこんな話を聞かせてくれた。

「昔、お得意の海苔《のり》師に〝強情《ごうじょう》さま〟って仇名《あだな》とも屋号《やごう》ともつかない名で呼ばれていた男がいてな、その男は名の通り大変な強情者で、黒を白といったら、違っているとわかっても絶対にいいなおさなかった、そんな頑固《がんこ》者だった。俺はその男の船を造ったことがある。『池田丸』って船を……。船を発注するときも、相場が百円とすると『九十円でつくれ』

と絶対に譲《ゆず》らない。しかし、いざ引き受けて納入すると百円持ってくる。そんな男だった。また、最初に船に発動機をつけたのも〝強情さま〟だ」

その〝強情さま〟と異名をとった男こそ、池田大作氏の父、子之吉《ねのきち》さんであった。私はその日から〝わが町・羽田〟の古老や、昔、海苔師として働いていた人たちから〝強情さま〟の話を聞き集めだした。そして、突きあたったのが、池田大作氏の兄、増雄さんが経営する食堂「池田屋」であった。だが、「池田屋」からは何の情報も得られなかった。

ある日、〝強情さま〟と同業であった老人を訪ねた。老人は、タンスの底から古びた一冊の写真帳を捜し出してくれた。その写真帳こそ「一葉の写真」が貼《は》り込まれていた萩中国民学校の卒業記念アルバムだった。「一葉の写真」には、池田大作氏の知られざる少年時代の姿が写されているではないか。

「あっ、これだ！」

私は思わず叫んでしまった。父の茶飲み話を信じて靴《くつ》をすり減らし、汗を流して、路地裏を犬にほえつかれながら歩き回った果てに突きあたった具体的な証明であったからである。それは、私どものような職業の者だけが知る得る喜びでもある。私の思いは〝幻の学校〟〝消えた町〟などが「一葉の写真」に乱雑にからみつきながら〝わが町・羽田〟をかけめぐりだした。

わが町・羽田

「歩いて、羽田町を横ぎって行くのも面白い。何故かと言えば、羽田は特色のある町であるからである。都会と漁村と田舎町とが一緒になったような一種のカラアを持っているからである。町は六郷川《ろくごう》（注＝多摩川《たまがわ》の別名）に添って長く連っている。土手の下には、船が沢山に集って碇泊《ていはく》している。屋根の低い古い漁師の家並の中からは、海岸でなければ見ることのできないような銅色をした肌《はだ》色の男がぞろぞろと出て来る。餓鬼《がき》に泣かされた嚊《かかあ》が何か口やかましく罵《ののし》りながら駈《か》け出して来る。貝殻《かいがら》が屋根の上に載せられてある。いかにも漁師町らしい気分があたりに漲《みなぎ》っている」

これは自然主義の作家、田山花袋《たやまかたい》が「一日二日の旅・東京近郊」で、戦前のよき時代の〝わが町・羽田〟の町のことを書いたものだ。

羽田は、東京と神奈川の境を流れる多摩川が東京湾に注ぐ河口に面した漁師町であった。

「荏原郡勢《えばらぐんせい》一覧表」によれば、羽田の住民の四割が漁業に従事していたと記されている。漁は、カニ、カレイ、シャコ、芝エビ、セイゴ、白魚、アミ、コチ、アナゴ、ハマグリ、アサリ、それに浅草海苔で親しまれている海苔などで、年間を通じて多種に富んでいた。町なかに「白魚《しらうお》稲荷」「かもめ稲荷」「水神《すいじん》様」といった、海に関係ある〝社《やしろ》〟がいたるところで見かけられる。

ジャンボが飛びかう現在の羽田しか知らない人に「羽田沖で白魚がとれた」といっても信用しまいが――。

そんな羽田の町も、〝近代化〟と称せられる化け物に徐々に押しつぶされていった。いや、それでは正確ではない。正確にいえば近代化の弊害《へいがい》だけが、風景と住民たちの生活の中に集約されていったといっても過言ではない。戦前、戦後の独占資本のどす黒い欲望が、漁師や住民の生活を一つずつ押し殺すことによって、漁場の東京湾は〝死の海〟と化していった。

現在の羽田を見てみても、町の中央を首都高速道路が分断し、東側の、戦前、砂浜で海水浴や潮干狩りができた庶民のいこいの場には、巨大化しパンク寸前の東京国際空港がでんと腰をすえて騒音をまきちらし、西側には京浜工業地帯の大動脈、産業道路[注5]が走り、危険なプロパンガスやガソリン、鉄鋼材を満載《まんさい》した大型トラックが獰猛《どうもう》なうなり声をあげて一日中突進している。

道はすべて海岸に通じ、人々の顔は川や海に向かっていた、湾内一といわれた漁師町の面影は今はない。船着き場も船も朽ち、田山花袋が書いた赤銅色の顔に行きあうこともない。海や川を生活の舞台にしていた住民たちの生活は、埋め立てと汚染で根底から突きくずされ、破壊されてしまっている。まさに、時代の激流に押し流されてしまった町だ。

だが、江戸時代から漁師町として栄えた羽田に流れる血は今も変えることができない。現在でも〝陸《おか》〟に上がって生活することを拒否し続ける漁師もいる。子どものころから海で生きることを誇りとしてきた人たちが、残り少ない漁場を求めて漁に出、湾内一といわれた漁師町としての羽田の伝統をかたくなに守り続けている。

そんな数少ない漁師の一人は、「三つの時から船に乗っているんでぇ、この年になって、いまさら〝陸《おか》〟に上がれるかい」と、ぶっきらぼうに話すが、潮で洗われた赤銅色の顔には、五十数年間、海で生きてきた男の自信とともに、海を奪われてしまった者の怒りがある。

〝陸《おか》〟に上がってしまい、漁に出る船も持たない老いた漁師たちは、人生の盛《さか》りであった自分の若いころを思い出して、毎朝、川べりの朽ち落ちた船着き場にきては、巨大なジャンボが爆音を残して飛びさる東京湾を遠くにながめながらたたずんでいる。その顔には、

わずかな漁場を求めて漁をする数少ない漁船

いつも失われてしまった自分の若さと、奪われてしまった海への愛惜《あいせき》の情が漂っている。

働ける海がある者はまだいい。人生の半ばで〝陸《おか》〟に追い上げられ、一家の生活を支えなければならない人たちは悲劇だ。海は、彼らの生活の場である。その海の命を奪ってしまった張本人である京浜工業地帯の中小企業の工場に、高度成長経済の最底辺の担《にな》い手として組み込まれている彼ら――。

今の羽田の町は〝近代化〟の美名《びめい》のもとに、庶民の生活の根底を突きくずし、弊害だけがどろどろと吹き出している町といっても言いすぎではあるまい。

ただ、住民の気風《きふう》だけは〝板子《いたご》一枚下《いちまいした》は地獄〟の生活を体験してきただけあって、きわめて荒い。今でも町の銭湯に行けば〝六尺《ろくしゃく》〟をきりりとしめ、刺青《いれずみ》した老人に「べらぼうめ、こんなひなた水に入れっか！　ぼやぼやするねえ」と、いきのいい啖呵《たんか》を切られる。

また、神輿《みこし》十数体がくりだす夏祭りも盛大で威勢がいい。二言目には「江戸っ子、江戸っ子」と口をついて出る神田や浅草の風情とはまた一味違った色あいを持つ異色の下町だ。

そんな生活の町だけあって、子どもの教育にはあまり力を入れなかった。ことに漁業に従事していた人たちの子弟は学校には行かなかった。学校に行かなくても、一人前の漁師になれば生活はきちんとできた。それが〝陸《おか》〟に追い上げられたカッパになってしまったのである。事態は深刻だった。

それでも、「一葉の写真」に写る四十四人の人たちはまだいい。尋常小学校から二割程度しか高等科に行けなかった時代に、あえて高等科に進学していったのだから、一面ではエリートだったともいえる。

強情さまの子

池田大作氏の〝強情《ごうじょう》さま〟は、〝わが町・羽田〟から東京湾沿いに品川方面に向かう途中の古い町、大森に住んでいた。

大森は、かつてのどかな半農半漁の町であった。現在は中小企業の工場や住宅が密集していて、もはや昔の面影《おもかげ》はない。その大森の山王《さんのう》に、通称〝義民六人衆寺《ぎみんろくにんしゅうでら》〟と呼ばれてきた善慶寺《ぜんけいじ》という寺がある。

義民六人衆とは『古文書』（『大田区文化財』収録）によれば「延宝《えんぽう》二年（一六七四）九月、荏原《えばら》郡新井宿《あらいじゅく》村民は地頭《じとう》木原平三郎の苛政《かせい》に耐えかねて地頭に出訴《しゅっそ》したが容け入れられずついに老中《ろうじゅう》に直訴《じきそ》を計画した。しかし、密告《みっこく》によって名主《なぬし》酒井権左衛門以下の六人は捕らえられ、同五年正月斬罪《ざんざい》に処《しょ》せられた」とある。

そのためか、六人衆が住んでいた一帯は、不入斗《いりやまず》（免税地《めんぜいち》意）と言い伝えられている。

〝強情さま〟はその不入斗の生まれだ。不入斗は、国電・京浜東北線大森駅から東京湾に面した海岸線の草深い湿地帯で、農作物などはほとんどできなかった荒れ地であった。『大田区地名由来』によれば、「そこは海岸の塩分の多い土地なので、一面荒廃《こうはい》地であることから為政者《いせいしゃ》は耕作奨励《しょうれい》の意味で貢税《ぐぜい》を免除《めんじょ》した」。また、「慶安《けいあん》四年（一六五一）の鈴ヶ森刑場新設で、近くに刑場関係者が多く住んでいたことから、そこで収獲される米は不《ふ》浄米《じょうまい》と大別的に除外された」とある。

そんな土地だけあって、江戸時代に、刑場鈴ヶ森の露《つゆ》と消えた罪人たちの首が発掘されたこともしばしばあった。鈴ヶ森は井原西鶴《いはらさいかく》の『好色五人女《こうしょく》』の〝八百屋お七〟や歌舞伎『其小歌夢廓《そのこうたゆめのよしわら》』の〝白井権八《ごんぱち》〟などが処刑されたとされ、有名である。

それはさておき、池田大作氏の父、子之吉さんは、不入斗の池田五右衛門さんの三男として生まれた。池田大作氏の祖父、池田五右衛門さんの名は、昭和二年（一九二九）発行の『入新井町誌』（角田長蔵編）によれば「不入斗漁業組合」の理事の中に発見でき、「八《や》幡《はた》魚市場」の問屋の中に「池田屋」の屋号が記されている。池田家の家業は、当時大森海岸で獲れた海苔の問屋であった。

「浅草海苔」で親しまれている海苔は、江戸時代、浅草茶屋町の商人が、葛西《かさい》中川沖から採って初物《はつもの》食《ぐ》いの江戸っ子の食卓を飾っていたが、時代の流れで、品川沖から大森沖・羽田沖へと江戸末期から明治初年に移植された。

海苔を採るのは大変な作業で、遠浅《とおあさ》の海岸へ竹ヒビ（孟宗竹《もうそうちく》）を立て、海に畑を作ってそこに付着する海草を採取して、庖丁でたたいて細かくし、水を加えて紙をすくようにしてすのこにうつして太陽で乾燥して売る。

「運の草」と呼ばれた海苔は、非常に投機性《とうきせい》が強く、「当たるか当たらぬか、それこそまことの水商売である」（『入新井町誌』）と、いわれ当たれば大変に妙味《みょうみ》のある商売であったが、逆にはずれれば危険この上ない商売でもあった。

海苔問屋だった五右衛門さんは不入斗の海岸に近い東海道筋に面した一帯、「字八幡《あざはちまん》」（48頁上図参照）に住んでいた。近くには「題目堂《だいもくどう》」とか、池田家のかつての菩提寺《ぼだいじ》「蜜《みつ》厳院《ごんいん》」があった。

「題目堂」は、先の『入新井町誌』によれば、江戸末期、「小田原の藩士広瀬伴作なる者、壮年より仏道《ぶつどう》に志し、兼ねて出家《しゅつけ》の願ひありきが、偶々《たまたま》江戸に上《のぼ》らんとして鈴ケ森《すずがもり》を通行せるに、二反に余る不浄《ふじょう》の地域は荊棘茫々《けいきょくぼうぼう》と生い茂り刑余《けいよ》の枯骨《かれほね》を蔽ひ隠せども、野犬四辺に徘徊《はいかい》し、陰たる異臭は鼻を突き、鬼気《きき》人を襲う凄惨《せいさん》の状見《じょうみ》るに忍《しの》びざるものあるより、如何《いかが》にもして之等《これら》の亡霊《ぼうれい》を成仏解脱《じょうぶつげだつ》せしめんと、一念発起終《いちねんほっきつい》に出家《しゅつけ》し、池上本門寺日《ほんもんじにっ》慧上人《けいしょうにん》の弟子となりて、法名《ほうみょう》を日観《にっかん》と改め鈴ケ森の松並木の間にささやかな草庵《そうあん》を結び、

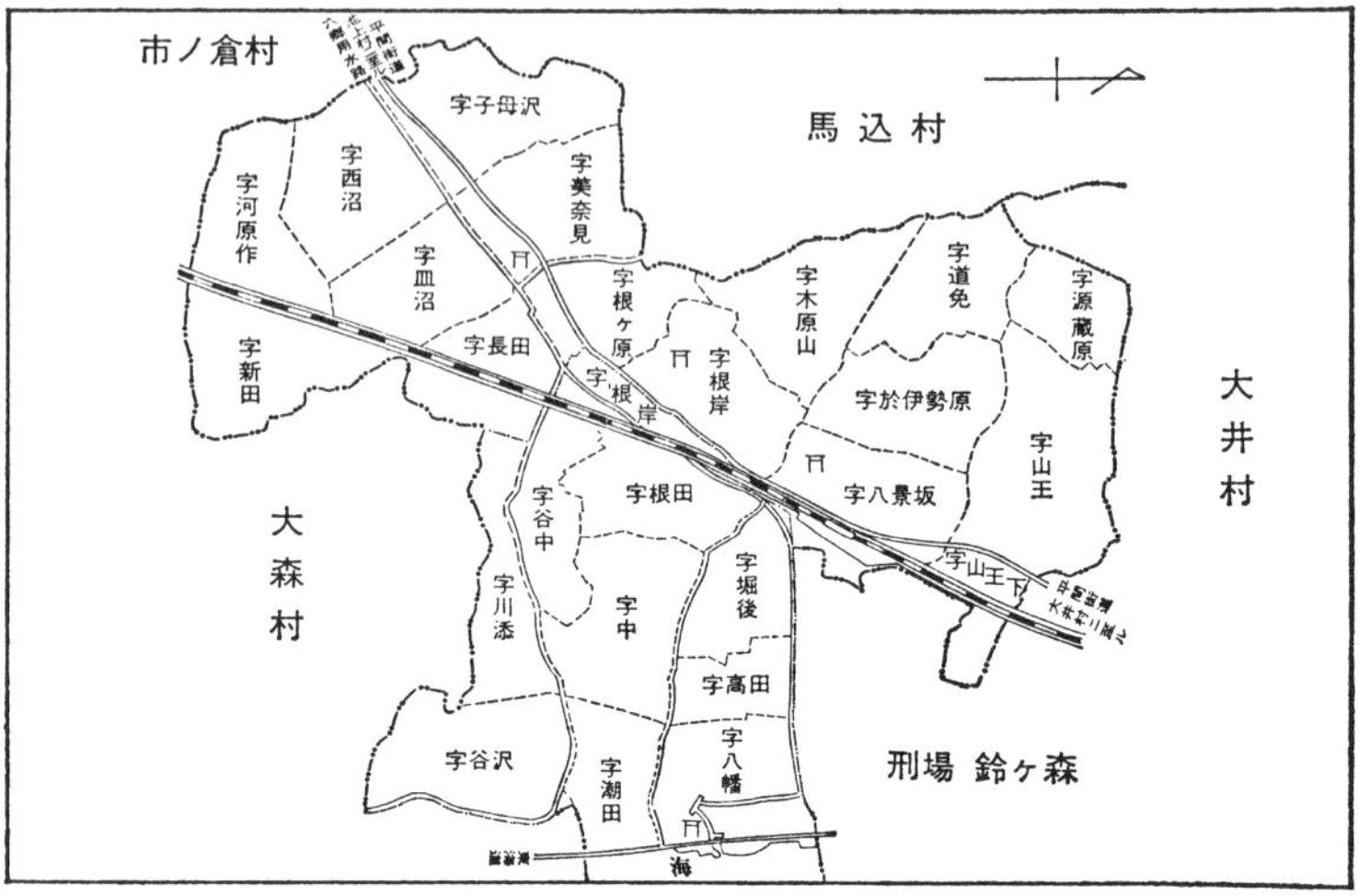

新井宿村不入斗村全図（明治9年）。池田家は字八幡にあった

徳川将軍遊猟《ゆうりょう》の折《お》り目にとまり、金碧燦然《こんぺきさんぜん》荘厳華麗《そうごんかれい》な題目堂を建立《こんりゅう》して亡者《もうじゃ》の菩提を弔《とむ》らっていた」という。

そして、明治十三年（一八八〇）に三代目の堂主が、「旧刑場の荊棘《けいきょく》の下に埋もれる刑余《けいよ》の髑髏《どくろ》が、空《むな》しく地下に怨《うらみ》を呑《の》みて仏果《ぶっか》に浴《よく》する能《あた》はざるを、嘆しみの極《きわ》みなりと、其《そ》の白骨《はっこつ》を収集しては堂内に供養《くよう》した」とある。

この「題目堂」でもわかるように、刑場の露《つゆ》と消えた罪人たちの白骨が戦後も海岸の浪打ぎわや、第一京浜国道の拡張などで大量に発掘されている。

また、池田家のあった字八幡の先、東京湾を埋め立てた地「平和島」は、戦中は、アメリカ軍の捕虜《ほりょ》を収容した場所であり、戦後は巣鴨《すがも》プリズンに移管《いかん》されるまでの、A級戦犯、東条英機《とうじょうひでき》らが拘置《こうち》されていた地である。

現在は平和島競艇場やトラック・ターミナルがある。「題目堂」は現在、京浜急行の大森海岸駅と平和島駅の中間の地点にひっそりとあるが、もはや昔日《せきじつ》の面影はない。

池田家のかつての菩提寺、密厳院は、池田大作氏の創価学会が信じる日蓮正宗《にちれんしょうしゅう》ではなく、真言宗である。密厳院の歴史は古く、開山されてから七百年以上はたっているという。境内には「お七地蔵」（八百屋お七の供養）などがある。池田家の墓は、墓地の西側一帯を占め、密厳院では大檀家《だんか》で、池田姓の墓は十数墓におよび、池田氏の父、子之吉さんが建立した墓も墓地内にある。その墓碑には、[注6]ビルマで戦死した池田氏の兄、喜一さんの名も刻まれている。

池田氏は、子之吉さんと古市場《ふるいちば》（大田区矢口《やぐち》）の農家、小宮孝三郎さんの長女、一《いち》さんの五男として昭和三年一月二日に、不入斗で生まれた。正式には、東京府荏原郡入新井町大字不入斗百七拾番地である。

池田家は古い海苔問屋で、長男が代々〝五右衛門〟の名を継ぐほど古い家であった。氏の父、子之吉さんは家督《かとく》相続権のない三男であったため、氏が二歳の時に一家を引きつれ、萩中国民学校のあった近くの羽田町糀谷《こうじや》に分家して移り住んだ。

羽田町糀谷は、町の中心からはずれた一帯であったため、昭和七年、羽田の町から分離して糀谷町として独立していった。一家が移り住んだ北糀谷一帯は、昭和の初期には、数十軒の海苔屋と農家が点在する半農半漁の地であった。羽田に隣接した田園地帯であったと考えられる。

氏が「私の履歴書」[注7]の中で、当時の糀谷について、いくぶん情緒的に書いているので紹介しよう。

「私の幼いころ、浜の潮風が野面《のずら》をわたり、その野原のあちこちに、海苔製造業の家々が散在していた。海岸から沖にかけて、海苔の竹ヒビが均等な間隔で美しい模様をみせながら遠くひろがっていた。四季折りおりの花が咲く野原と波が打ち寄せる砂浜は、私たちの格好《かっこう》の遊び場で、赤トンボが姿を消す秋の終わりごろには、澄んだ空の下で銀色のススキの波がさわさわと揺れていた。そのころ右手にあった羽田飛行場は、のんびりしていて、練習機が時たまプロペラを鳴らしていた」

日本の重工業の発達、近代化の波は、この半農半漁の地、糀谷一帯にも容赦《ようしゃ》なく襲いかかり、京浜工業地帯の発展と歩調を合わせるかのようにして、中小企業の工場が建ち並んでいった。池田氏の書く「浜風が野面を……」といった情緒的な風景も、いまではもはや語り草になってしまった。

父、子之吉さんは、糀谷に移り住んでからも海苔屋（採集業）を営んでいた。また池田家は海苔業だけでなく、東京湾で魚をとる漁業にもたずさわっていた。さらに明治時代、祖父の代から始まっていた北海道の釧路付近の開拓事業を進めるなどかなり大がかりにやっていた。だが、このような池田家の大規模な事業も、氏が生まれる五年前の関東大震災で、決定的な打撃を受けて崩壊《ほうかい》し、俗にいう〝左前《ひだりまえ》〟になってしまった。

当時の子之吉さんを知る糀谷の海苔屋の組合長だった松原茂一さんは、

「池田の子之吉さんが糀谷に来られたのは、昭和の初めかな。弟の定《さだ》（定太郎）さんと二人で海苔屋をやっていたよ。当時、このあたりの海苔屋は、われわれの組合加盟が三百七十軒ほどあってな、冬場は海苔、夏場は百姓をやってたよ。でも、戦争でみんな工場に行ったり、自分で工場を始めたりして、わずかになっちまった。子之さんと定さんは、大森から来たんで、品川沖のお台場あたりで手びろくやっていたよ。子之さんは〝強情さま〟といわれていただけあって、大変な強情っ張りだった、まったく人のいうこと

父・子之吉さんが建立した池田家の墓。ビルマで戦死した兄・喜一さんの名が刻まれている

には耳をかさなかったよ」

　また、同じく糀谷で海苔屋を営んでいた老人は、子之吉さんのことを「飛んでもフグだ！」といった。「飛んでもフグ」とは、子之吉さんが、ある日、仲間と漁に出ていたら飛び魚が飛んだ。それを見た子之吉さんは、思わず「フグだ！」といってしまった。しかし一人の仲間が、あれは「フグじゃなく、飛び魚だ！」とたしなめたところ、子之吉さんは「飛んでもフグだ！」と、最後までフグで押し通したという。まさに〝強情さま〟であった。

池田氏の父・子之吉さん

　氏が小学校に入学するころには、池田家の上にも戦争の暗雲が重くたれこめ、代々続いた家の土台がしだいに突きくずされていった。
　当時の模様を先の松原さんは語る。
「戦後の子之吉さんは〝強情さま〟の面影はなくなっちまったよ。リューマチをわずらっちまったし、長男は戦争にとられちまってな、最後はひどい貧乏な生活しておったわ。おふくろや、今、食堂やってる増雄に、海からアサリやハマグリをとって来させては、荷車に乗せて売らしていたな」

そんな父、子之吉さんを池田氏は追憶《ついおく》の情をこめて「私の履歴書」に、「父は一言でいえば、頑固な人であった。十八年前に亡くなったが、生前、近所の人から〝強情さま〟と呼ばれていた。それで、私たちも『強情さまの子だな』で通ったものである。頑固の裏に、ばか正直な生《き》一本さが貫かれていて、結局は人の好い父であった」

と書いている。

人のよい庶民の原像のような人だったと考えられる。

池田氏は「私の履歴書」で、「母はいつも働いていた……男七人、女一人という八人の子を抱え、そのうえ親類の子を二人ひきとり……」と書いている。

池田家は〝子だくさん〟であった。父、池田子之吉さんの戸籍簿をもとに列記すると、次のように十人の兄弟姉妹で、氏は五男である。

長男　喜一　　大正五年一月十日生まれ
二男　増雄　　大正六年九月二十五日生まれ
三男　開造　　大正十年四月十七日生まれ
四男　清信　　大正十四年三月七日生まれ
長女　とよ子　大正十五年八月十五日生まれ
五男　太作　　昭和三年一月二日生まれ

六男　栄一　　昭和五年三月五日生まれ
七男　隆市　　昭和六年八月二十九日生まれ
八男　正利　　昭和九年四月二十九日生まれ
二女　いね子　昭和十三年五月二十日生まれ

ただ、つけ加えておくと〝強情さま〟には、このほか二人の男の子がいた。いずれも池田氏の上だった。二人は生後まもなく死亡したり、養子に出されたりして、のちに除籍《じょせき》になっている。

それはさておき、いつの時代でも戦争は若者の死、庶民の血であがなわれる。池田家もその例にもれず、長男、喜一さんが二十年一月十一日にビルマで戦死している。そして出征していったのは、喜一さんだけではなかった。二男の増雄さん、三男の開造さん、それに四男の清信さんも〝一銭《いっせん》五厘《ごりん》〟のはがき一枚で出征していった。

現在、池田家は戦死した長兄にかわって二男の増雄さんが跡をつぎ、萩中国民学校のあった近くで食堂「池田屋」を経営している。「池田屋」は、ガラスの戸口に「朝食　百八十円」「サンマ定食　二百八十円」などと書いた紙が貼られ、いかにも工場街の食堂らしいたたずまいをみせている。朝、昼の食事時には、三十人ほど座れる店内は、近所の中小企業の工場の職工さんたちでにぎわい、繁盛しているようだ。

父から受け継いだ海苔屋を営んでいた増雄さんが食堂を開いた事情を、前出の松原さんが次のように説明してくれた。

「東京オリンピックでよ、東京と羽田空港の間に高速道路ができちゃったので、今まで海苔を採っていたところが埋め立てになっちまってな。当時の金で一千万円ほどの補償金が入ったとか聞いているよ、それを資金に食堂を始めたようだ」

次兄・増雄さんが経営する食堂「池田屋」

　戦後、働き手の父がリューマチを病み、長男を戦争で失った池田家は貧乏の〝どん底〟だったことが想像される。池田家に経済的な陽光《ようこう》があたりだしたのは、皮肉にも、代々続いた海苔採集業の命〝海苔場〟を埋め立てと汚染で放棄してからであった。

　池田家も〝近代化〟と〝戦争〟の激流に押し流されてしまった一家であった。だが、〝強情さま〟の子たちは、それぞれ人にたよらず、独立独歩で自分なりの世界を切り開いていった。三男の開造さんは、母親の一《いち》さんの里方《さとがた》に子どもがないために養子となり、現在、小宮姓を名乗って自動車部品販売では大手の「阿部商会」の常務取締役となっている。四男の清信さんは、船舶用バルブメーカー「錦洋工業」の社長さん。長女のとよ子さんは、いまも独身で「国立第一病院」の看護婦さん。六男の栄一さんは、威勢《いせい》のよいトビ職。七男の隆市さんは機械関係の「東和工業所」に勤務。八男の正利さんは、埼玉県の所沢市で「増美荒物店」を経営。二女のいね子さんは「東芝」の社員に嫁いでいる。つつましやかな、どこにでもいる庶民の兄弟姉妹である。

〝強情さま〟の子たちの母、一《いち》さんは二男、増雄さんと一緒に生活していたが、私がこの取材をしている最中の昭和五十一年九月六日に老衰で帰らぬ人となった。

池田家で行われた密葬と西品川の日蓮正宗妙光寺《みようこうじ》の告別式は、各界の著名人等五千人以上の人たちが参列して盛大に行われた。

戦争で長兄をとられ、働き手の夫はリューマチをわずらう。だが、一《いち》さんはくじけず、いつも明るくつつましやかに「他人に迷惑をかけると、お前たちが大きくなってから頭があがらなくなるぞ、塩をなめても援助は受けるな!」(「私の履歴書」)という夫にさからわず、「うちは貧乏の横綱だ」と笑って生きた。

死んでいった少年兵たち

私は「一葉の写真」に写る四十四人の少年たちの〝現在〟を聞きとるため〝わが町・羽田〟の役所を訪ねた。

申請書に四十四人の住所・氏名を書き込んで戸籍係に提出した。係の若い女性は、申請書の枚数が多いのに驚き、怪訝《けげん》そうな顔をして書庫の重い扉《とびら》を開けて奥に消えた。三十分も待たされたであろうか……。しかし、申請書は「氏名見あたらず」「地番なし」で、次から次と無愛想《ぶあいそう》に押し返されてきた。

それは当然であった。少年たちの住んでいた羽田の町は、空襲と強制疎開《そかい》で町の地番は完全に変わり、なかには町全体が消滅させられたままのものもあった。たとえば、四十四人の中の「斎藤和彦」さんの住んでいた「萩中五〇」、「村石昭」さんの住んでいた「羽鈴《はねすず》九五四」、「及川繁雄」さんの「新宿《にいじゆく》一四三二」などがそれで、とくに「羽鈴」（羽田鈴木町）などは現在、東京国際空港の敷地内に消え、滑走路や駐車場、そしてホテルが建っている。ほとんどの人が戦争による〝消された町〟の住人たちであった。

だが、幸運にも私が捜し求める一人の戸籍をカビ臭い区役所の書庫の中で発見した。池田大作氏と同じ糀谷から萩中国民学校に通学していた《荒井源次》さんのものであった。荒井さんの戸籍は、明治四十三年十月に死亡した源次さんの祖父、荒井兵三郎さんの改正原戸籍《げん》に記載されていた。

源次さんの欄には、

「昭和十九年十月二十五日午後四時頃比島《ひとう》東方海面ニ於テ戦死、横須賀海軍部長横山勝三報告　昭和二十年七月十六日受付」

と無情にも記されていた。

捜し出した一人は、悲しくも生きた姿ではなかったのである。昭和十九年十月といえば、太平洋戦争の戦局が悪化の一途をたどっていた時期である。そのころ、日本軍はフィリピンのレイテ島に上陸を開始しており、荒井さんはたぶん二十五日のサマール島沖海戦に参加していて戦死したのではないかと思われる。

戦死当時の荒井さんは、昭和二年生まれだから十七歳。年端《としは》のいかない少年兵であった。今でいえば、高校二年か三年生である。私の捜し求めていた一人の〝幼なじみ〟は、フィリピン沖で無残な戦死を遂げていたのである。

これは取材の途中で知ることになったのだが、幼くして戦争に組み込まれていって不帰《ふき》の人になってしまったのは、荒井さんだけではなかった。フィリピン・クラーク地区で二十年四月二十日に戦死した《原沢敬》さん、戦地で負傷し、終戦の翌年の十一月六日に戦病死した《直井富蔵》さん、そして戦時の混乱のなかで戦病死した《山下実》さんたちが同じ運命をたどった。

荒井さんも原沢さんも直井さんも、自ら大日本帝国海軍の勝利を確信して、戦地に向かった、いわゆる少年志願兵であった。その死は、カビ臭い戸籍簿のファイルの一枚の紙片として無表情に集約されていた。

池田氏の母・一さん

しかし、原沢さんの戸籍からは、同世代に生き、死んでいった人間の声を聞きとることができる。

原沢さんの本籍は、池田氏が育った近くの「東京都大田区糀谷町三丁目千百四拾七番地」であった。父、原沢福松さんは「新潟県南魚《うお》沼《ぬま》郡塩沢《しおざわ》町大字上十日町《とうかまち》二十九番地」で、「明治二十四年十一月二十一日」に、今は亡き原沢佐吉さんとヤスさんの三男として生まれた。

　原沢敬さんは長男で、「昭和三年二月二十六日」に「東京府葛飾《かつしか》郡吾嬬《あづま》町大字請地《うけち》二百十五番地」で生まれ、萩中国民学校を卒業後、長男でありながら海軍少年志願兵として出征していった。そして、終戦まぢかの「昭和二十年四月二十日時刻不詳、比島クラーク地区ピナッポ山西北麓」で戦死した。クラーク地区は、マニラから北上したクラーク・フィールドの郊外の山麓である。原沢さんはたぶん、レイテ島作戦に勝算が全くなかった南方軍総司令部のもとでわずかな銃火器をもってルソン島持久作戦に出た。その作戦計画によれば「第一四方面軍は、マニラ東方山地、クラーク・フィールド西方山地、バギオ・バレテ峠の山地を拠点とし、ルソン島中部に進入する米軍を各方面から呼応《こおう》しながら拘束《こうそく》し、もって日本本土その他への転進を遅延させる」（「太平洋戦争陸戦史」林三郎）ことにあった。要するに原沢さんは、戦艦から下りて、山岳地帯にたてこもり、暑さと飢えと戦いながらゲリラ戦を展開していたのである。時の司令官は山下奉文であった。

　原沢さんの戦死が確認されたのは、戦後二年たった昭和二十二年八月十六日の「横須賀地方復員《ふくいん》局人事部長　斎藤昇報告」によってであった。

　しかし、父の福松さんも母のはつさんも、敬さんの戦死公報を受けとる一年前に、東京の戦火から逃れて疎開している。しかし、疎開《そかい》先の「茨城県鹿島郡諏訪村大字滝浜七百二十九番地」で父、福松さんは、昭和二十一年十二月一日に死亡。母のはつさんも同所で、福松さんの死亡する七か月前の昭和二十一年五月五日に死亡している。あとには、敬さんの姉と妹が残されたが――。

同じ志願兵だった前出の荒井さんの家でも、父の長造さんが終戦の翌年、あの混乱の中の昭和二十一年二月十日に「東京都杉並区和泉《いずみ》町百二十九番地」で死亡している。そして、源次さんの兄の清正さんも、太平洋戦争の開戦の前年、昭和十五年十一月十五日に「東京市牛込区戸山町臨時東京第一陸軍病院」で戦病死している。おそらく、日中戦争下の負傷が原因ではなかろうかと考えられる。

四人の幼い少年兵たちを「天皇のため」「お国のため」と死地に送り込んだのはいったい誰だったのか。いまさらながら改めて考えさせられる。

しかし、あの戦争で尊い命を失ったり、傷ついたりした人は、この四人だけではないのはいうまでもない。昭和二十四年四月、経済安定本部（経済企画庁の前身）でまとめた「戦争は人類社会最大の罪悪である」と序にあり、「戦争がいかに多くの無辜《むこ》の良民の犠牲と国の荒廃と……」と書きだされた「太平洋戦争による我国の被害総合報告書」によれば、人的被害は、[注8] 死亡＝一、八五四、七九三名、負傷行方不明＝六七八、一三二名である。しかしこの中には、大陸で消息不明になっている陸軍兵二十四万の数字は加えられていない。

池田家でも、長男を「昭和二十年一月十一日時刻不明　ビルマミツカン県ミンキアン郡カインド村」で戦死させている。

池田大作氏は、こうした私の話にじーっと耳を傾けていた。氏自身、兄を失い、幼い友を失い、自らも戦争の暴虐《ぼうぎゃく》をいやというほど味わっている。怒りを押し殺したように、当時の状況を語りだした氏の表情には苦悩の色が満ちていた。

「私が当時、戦争に負ければよいと思っていたといえばウソになります。ただ、戦争が早く終わってほしいと思っていました。

国全体が軍国主義の趨勢《すうせい》にあり、軍隊に行くべきである、または開拓義勇《ぎゆう》軍とか、軍需《ぐんじゅ》工場に行くという目標ですから、どうしても教育方針、国策《こくさく》、時代の潮流のうえから、国のために尽くさなければならない、尽くすべきであるということを、徹底して生命に刻みつけられたことは事実です。

私も当然、時代の外で生きることはできませんでした。いわんや大変に鋭敏な感受性を持っていた時です。予科練《よかれん》なり、みんなが勇んでいく方向にいくべきであると決心していました。そう思わざるをえなかったんです。純粋性の発露《はつろ》です。

それに、私は当時糀谷に住んでいたんですが、隣近所の人たちが大変に厳しく、〝軍国の母〟たちからも、軍隊にいくべきだという洗脳《せんのう》がありました。友だちからも誘われました。しかし、そうした時代でも、自然は大いなる恵みでした。近くの多摩川などに行きますと、タンポポの花が咲いていたり、つくしんぼが顔を出していたり、川の水も、今と違って満々と流れていてきれいでしたし、そういうのを見ると、ああ、平和っていいなあと感じました」

あの時代のことである。時代の外に生きられなかったのは、誰しも同じであったであろう。すべての価値観が天皇中心であり、国家にあった時代である。

池田氏も、少年航空兵に志願した。だが、志願書をもとに、池田家を海軍の係官が訪ねたが、「うちは上の三人とも兵隊に行っているんだ。もうすぐ四番目も行く。そのうえ五番目までもっていく気か。もうたくさんだ！　帰ってくれ」という子之吉さんの強い反対にあった。氏は〝憧《あこが》れ〟の海軍航空隊には行くことができなかった。

すべての少年と同じように、皇民《こうみん》教育を受けた多感な池田少年が、もし許されて志願兵になっていたら、そして戦争がもっと長びいていたならば……。

四人の同級生

「浦野、知らねえな」

「堀場、どこの息子だい。もう三十年もたってるんだろう」

私の捜し求める人たちは、いったい、どこに消えてしまったのか。かすかな望みであった戸籍からの追跡は暗礁《あんしょう》に乗りあげ、糸がプッツリと切れようとしていた。困り果てた私は、町の〝生き字引《じび》き〟といわれる町内会の〝役〟をしているある老人を訪ねた。

「むかしゃねえ、あそこの嫁はどこの出身《もの》で、子どもが何人いて〝月のもの〟がいつか、なんてことも同じ町内に住んでいりゃあわかったもんだよ。もちろん、朝はアサリの味噌《みそ》汁《しる》にメザシだ、なんてこともな。それが今じゃ土地っ子が少なくなっちまって、他所者《よそもの》ばっかりでのう」

と、その老人は嘆くばかりであった。

戦前の羽田は、他の例にもれず町内会や隣組《となりぐみ》組織がしっかりしていた。東から「大東《おおひがし》」「仲東《なかひがし》」「上東《かみひがし》」「稲荷前《いなりまえ》」などと。しかし、戦争と〝近代化〟でいい意味での地域社会は崩れ去った。

だが、老人は、「一葉の写真」と名簿を指で追いながら、あるヒントを提供してくれた。「この『伊東』は、羽田の土地っ子だな、ほら二人もいるだろう。羽田の『伊東』は、普通の『伊藤』と違ってな、羽田独特だから。そうだ、『伊東会』って会があるから行ってみな」。そして、さらに糀谷の土地っ子は「松原」ともつけ加えてくれた。

たしかに、四十四人中、「伊東」は二人いる。羽田一丁目に住んでいた《伊東辰之助》さん、それに羽田鈴木町に住んでいた《伊東正彦》さんだ。

また、「松原」は、糀谷に住んでいた《松原武》さん、《松原又右衛門》さん、そして《松原常治》さん、と三人いる。四十四人の中で同姓者二人とか三人は、何らかの手がかりになるのではないかと思って、男女合わせて八組あった十七年度の卒業生を調べてみると、「伊東」姓は八人いて、一般的に多い「伊藤」姓を名のる者は一人もいなかった。その他の姓で多いのは「村石」で十人を数えた。《村石昭さん》も松原さんと同様に土地っ子であることは間違いないようだ。

そこで私は、羽田出身の「伊東」姓を名のる者で組織する「伊東会」を訪ねてみた。「伊東」姓は、主に羽田の町の東側、町内会名でいえば、「大東」「仲東」「上東」などに多く、羽田の〝先住民〟であったとみられる。一説には、静岡県の伊豆地方から移住してきたともいわれている。

「羽田郷土誌」（羽田小学校編）によれば、平安時代の平治年間から住んでいたといわれる七家《なけ》のうちに「伊東勘兵衛」の名が印されている。その伊東家は、現在でも羽田にあり、「新編武蔵風土記」に「伊東勘兵衛、茶船太上丸《ちゃぶねだいじょうまる》という。明治の初めまで徳川幕府の水をはこんでいた」とある。室町時代の末期から安土桃山時代の永禄―天正にかけてあった二十六戸の中にも、「伊東勘兵衛」「伊東彦右衛門」などの名をみることができる。いずれにしても、羽田ではもっとも多い姓で、昔からの土地っ子である。家業は主に漁業で〝わが町・羽田〟が漁師町としてまだ栄えていた昭和二十四年ごろの「羽田漁業組合」の名簿をみても、組合長、副会長とも「伊東」姓で、組合員四百十九人のうち、なんと「伊東」姓は四分の一以上の百十八人を数えるほどである。

現在の「伊東会」は会員五百人をかかえる大がかりな会であるが、その名簿のなかに、私の捜し求める「辰之助」「正彦」の名を発見することはできなかった。しかし、羽田の土地っ子であることだけは間違いないようである。

一方、糀谷の「松原」姓は、池田家の家業と同じく海苔屋を営む人が多く、糀谷では名主的な存在の家だった。何か手がかりをつかめるのではないかと思い〝松原まあけ〟（松原一族）の一家を訪ねた。

「なんだ、池田ン家《ち》の大作の同級生なら、わしの甥《おい》が知ってるよ」

その甥御《おいご》さんは、現在、大田区議をしている松原隆さんといい、萩中国民学校の卒業生で、クラスは二男一組であった。

隆さんは、

「俺は、池田君とは同じクラスではなかったんだが……」と、気軽にダイヤルを回してくれた。一時間ほどして現れたのが、糀谷に住んでいた《松原武》さん、羽田三丁目に住んでいた《田中義章》さん、それに羽田鈴木町に住んでいた《源川正》さんたちで、私の手元にある「一葉の写真」にかすかながら血が通いだして、徐々にではあるが息を吹きだしつつあった。

集まった三人の人たちは、初めはかなり警戒《けいかい》的だったが、取材が自分たち同級生のことだと納得すると、さらに羽田一丁目に住んでいた《石井政治》さんも呼んでくれた。「なにごとだい」と、自転車で現れた石井さんは、仕事中だったのであろう、赤錆《さび》のこびりついた作業服のままだった。

「池田君のことはかんべんしてくれよ。学会さんだっていろんな関係があるからな」

開口一番、取りつくしまがない。

「いや、学会や会長のことではなく、あなたたちのことです。私自身も羽田の生まれで……」と話すと、「そうか」と一転、明るい表情を見せて三十数年前を懐かしむように苦労話をはじめだした。

田中さんの家は、東京国際空港の入り口にかかる第一次羽田闘争[注9]で死者を出した、あの弁天橋のたもとにあった〝留切《とめきり》〟と呼ばれていた代々の米屋である。現在も、場所こそ違え、池田大作氏の本家「池田屋」の近くで米屋を営んでいる。

田中さんは、卒業と同時に池田氏と一緒に国電・京浜東北線の蒲田駅近くにあった新潟[注10]鉄工所に〝産業戦士〟の旋盤工《せんばんこう》として就職した。

「われわれは、最後の戦中派ですよ。学徒動員で狩りだされて、学校の勉強もなげうっちまって……お国のためにな。それは、家庭の事情で稼ぎに出なくってはならない必要性があったけどさ、兄貴が中国で戦死しちまったからな。先生は、俺には『中学へ行け』っていってくれてな、勤めに出ないで青山[注11]師範《しはん》に行って教師になれっていってくれたんだ、でも、金がはいらないのと稼ぐのとでは、えらい違いだからな。そのころ、家は貧乏だったからさ。おやじはとうとう、『うん』といわなかったよ。

ほんとうにしいたげられた青春だった。ここにいる源川だって松原だって石井だって、みんなそうだよ。もちろん、池田だっておんなじだったよ」

いまは如才《じょさい》のない商人としての笑顔に、かすかではあるが三十数年前の暗い時代の影がよぎる。そして「噂《うわさ》じゃ、つくっていたのは人間魚雷の部品だったようだよ、直接は聞いてみなかったけど……」と苦笑していた。

新潟鉄工所の勤務は、朝七時三十五分から夕方の五時までで、時給十八銭三厘であった。

「学校から新潟鉄工所に就職していったのは五人だった。三組の内山（和男）君に、二組の井田（治二）君。それに一組の松原（隆）君と池田君に俺だったよ。自分でいうのも変だが、新潟鉄工所にいったのは優秀なやつだけだったんだ」

田中さんたちが入社したのは十七年四月。その前年の十二月八日には、あの「ニイタカヤマノボレ」のハワイ真珠湾《しんじゅわん》奇襲《きしゅう》作戦で戦争が始まり、日本軍は驚異の進攻作戦を展開して、その年の暮れには香港を占領、明けて一月にはマニラ、二月にはシンガポールを攻略、まさに破竹《はちく》の勢いで戦線を拡大していた。

新潟鉄工所は、海軍省の船舶本部から技術将校が派遣された軍需工場で、水雷艇《すいらいてい》や駆潜《くせん》艇《てい》などのエンジンの部品から小型特殊潜航艇《せんこうてい》、すなわち、人間魚雷[注12]まで造っていた。だが、無謀《むぼう》な戦争の結末は無残な敗戦であった。新潟鉄工所も敗戦と同時に閉鎖された。

「忘れもしないよ、終戦の年の十月にもらった退職金は八百八十円だったっけ！」

青春をすり減らされたにしては、あまりにも少ない代償であった。

「それからな、これからは自動車の時代だと思ってな、近くにあった自動車の修理工場に入ったんだ。だから、運転免許取ったのは終戦の年の十月だったよ。それで、そのまま自動車の修理を覚えようと思っていたら、新潟鉄工所から手紙がきてな、東洋内燃機《ないねんき》って会社にいったんだ。そこには、あくる年の二月ごろまで勤めたかな。場所は下丸子（大田区）にあってな、交通の不便なところだったよ。たしか、池田君もいっていたはずだったよ」

しかし、田中さんはその後、あの混乱期に結核の病魔に冒されてしまった。

「新潟鉄工所にいる時から、かかっていたんだよ、それがな、戦後ひどくなったんだ、二年間、千葉のな、仁戸名の療養所に入っていたんだ。ほんとうにあの時は死ぬかと思ったよ」

土地っ子の田中さんは、自分で死ぬかもしれないと思っただけではなく、同級生の人たちからも、もしかすると空襲にやられちまったのではないか、といわれるほど戦争によって情報が遮断《しやだん》されていた。田中さんと同じように、石井さんも松原さんも源川さんも、卒業と同時に〝産業戦士〟として軍需工場に〝参戦〟させられていたのである。

石井さんは戦後、羽田空港に進駐していた駐留軍《ちゆうりゆうぐん》に勤めていた。しかし、昭和二十六年九月にサンフランシスコで調印された講和《こうわ》条約で、基地となっていた空港の一部が返還されたため、それを機会に駐留軍を退職した。現在は独立して羽田で鉄鋼関係の工場を経営している。

松原さんも源川さんも、同じように〝産業戦士〟として卒業と同時に戦時体制に組み入れられていったが、今は松原さんは家業の薪《まき》屋をついでプロパンガス販売、源川さんはタクシー運転手からタクシー会社の営業所長と、それぞれの道で活躍している。

みんな、どこの横町でも見かけるそれぞれ自分の生活をぞんぶんに楽しんでいる人のよいおじさんたちである。そんな四人に、クラスメートでありながら疎遠《そえん》になってしまった池田氏の少年時代について聞いてみた。なかでも田中さんは、新潟鉄工所でも池田氏と一緒だった関係で、話は誰よりも具体的だった。

「学校時代の池田君はそれほど目だたなかったよ、良いほうでも悪いほうでもな。級長をやっていたのは《松原又右衛門》だろう。それに《伊東正彦》だったからな。悪かったのは源川だよな。だから、はっきりいって、とくに優秀だったとか、悪かったなんてことはなかったたな。野球とか相撲をやった、なんて印象もないんだよ。俺なんか、池田君とは仙《せん》川《がわ》(三鷹市)の拓務《たくむ》訓練所まで一緒に行ったよ。大陸へ渡る開拓農民の訓練所を借りて二泊三日ぐらいで訓練するんだ。だけども……行ったことは記憶しているんだが、行った先の記憶がないんだな。ということは、あまり表面に出なかったんだよ、あのころは。今の池田君を見ると考えられないがね。俺と個人的な交際をしだしたのはそのころからだよ」

田中さんから悪いほうのナンバーワンだったといわれた源川さんは、

「そう、池田の学校時代はあまり記憶にないよ、おとなしかったもの。そう、自由時間に先頭になって動きまわったりしていたのは、断片的だけどおぼえているな。卒業の時の謝《しゃ》恩会《おんかい》で、伊東正彦と早口言葉《はやくちことば》で落語をやったこともあったな、内容は忘れたが……。

卒業してからは、一度か二度会ったよ。一度は戦後になってからだ。俺はそのころ、オート三輪で本の配達やっていて、神田のほうを仕事で走りまわっていた。その時、ほら、戸田城聖《じょうせい》（第二代創価学会会長）がやっていた日本正学館、いや大蔵商事かな。たしか大蔵商事の営業部長の名刺をもらったたな。そのころ、よく会ったことがあるんだ。いつも紙袋を持って歩いていてな。一度言葉をかわしたこともある。『よお、元気か』って。それぐらいだな。だから、今の池田と昔の学校時代の池田とではイメージがまったく合わないな。でも、俺らぐらいのものじゃねえか、『おい！　池田』、『おい！　源川』なんて言葉をかけあえるのは。オイチニィ！　オイチニィと木銃肩に教練やらされたり、箒《ほうき》で宮城の玉砂利はいたりした仲なんだから……」

一方、糀谷の土地っ子の松原さんは、小学校当時から一緒だった。だが、

「国民学校は、五つの小学校から上がってきたんだ。羽田第一（現、羽田小学校）、第二（現、

糀谷小学校）、第三（羽田空港内にあって終戦で廃校）、出雲《いづも》、それに都南《となん》小学校でね。田中や石井は第一、源川は第三で、池田と俺なんかは第二だったんだ。でも、まったく記憶がないんだな。学校出てからも会ったことがないしな」

田中さんはまた、氏が入信するきっかけになった〝森ヶ崎《もりがさき》時代〟のことまで知っていた。

「森ヶ崎の竹島海岸の手前にある、消防署の火の見やぐらの手前をまがった所で、海苔屋さんの離れみたいな所だったよ、住んでいたのは。そこの近くの風呂《ふろ》屋があってな、あそこにはよく池田君と一緒に入りにいったことがあるんだ。裸のつきあいだよ。そのころから、いろんなグループ活動が好きだったみたいで、俺なんかよく誘われたよ。『今日はこんな所で集まりがあるんだ、一緒に行かないか』って。そのころはまだ学会には入ってなかったと思うよ、それから後だよ、入信したのは」

裸のつきあいをした田中さんは、さらに池田大作氏が入信していった当時のことについても語ってくれた。

「池田君のことは『太《たい》さん』、向こうも『よっちゃん』っていっていたよ。彼とは、俺が身体を悪くして入院していた時も文通なんかして、結構親しくつきあっていたんだ。彼も悩んでいたよ。俺ね、あのころは軟派《なんぱ》文学ばっかり読んでいたよ。[注13]船山馨《ふなやまかおる》の戯曲が好きでね。しかしそのころ、彼は石川啄木だったよ。一生懸命啄木の詩を読んでいた。我れ泣きぬれて……なんて涙を流していたかどうかは知らないけど……それだけではあきたらないで吉田紘二郎の散文詩なんか読んでいたな。そんな感傷的な面も持っていたんだ。そんな太《たい》さんが入信してから、学会の人を一人つれてね、入会しないかって来たんだ。あのころは、池田君だけじゃなくって、学会そのものが折伏《しやくぶく》一辺倒でやっていた時だから、その時会ってびっくりしたよ。その風貌《ふうぼう》には、啄木を読んでセンチだったころの池田君はなかったな。

それから何度か会ったな。森ヶ崎から大森に引っ越した時かな、いや、春日橋を引きはらった時かな、池田君の奥さんに初めて会ったんだよ。そこで一緒に引っ越しラーメン食ったんだから……。そのころの池田君は、人に会うと『ああ！　田中君』って感じで、必ず右手を出した。宗教には関心があったんだが、でも、入信しなかったよ」

えんえんと続く田中さんの話をそばで聞いていた源川さんが、

「入ってりゃいいのに……。今ごろは学会の幹部ぐらいになれたかもしれないのに」

といって、みんなで大笑いしていた。

池田氏は、萩中国民学校を卒業後、憧れの海軍航空隊にはいかず、同級の田中義章さんと、蒲田にあった新潟鉄工所にみんなと同じように、〝産業戦士〟として〝参戦〟していった。昭和十七年四月のことである。戦局は、太平洋における日本軍の作戦を根底から揺るがしたミッドウェー海戦に大敗し、[注14]「大東亜《だいとうあ》共栄圏《きょうえいけん》」は、軍事的にも経済的にも破綻《はたん》をきたし、砂上の楼閣《ろうかく》と化そうとしていた。東条独裁内閣のもとで、政府、軍に迎合《げいごう》する議員を選ぶ翼賛《よくさん》選挙が行われ、砂糖、マッチ、衣料、小麦粉などは配給制になり、「敷島《しきしま》」「朝日」といったたばこは一人一個しか買えず、国民生活は困窮《こんきゅう》の一途をたどっていた。

　そして軍部にとっても国民にとっても、何よりもショックだったのは、四月八日、東京が第一回目の空襲を受けたことだった。この空襲[注15]による被害そのものは大したことはなかったが、軍部は〝帝都〟の上空をおかされたことによって、国民の信を失うことを極度に恐れ、不時着したアメリカ人飛行士を見せしめのために処刑した。しかし、戦争の前途に不吉なものを予感させた。

同級生の田中さんとよく通った風呂屋

　池田氏は海軍省の指揮下にあった新潟鉄工所で、水雷艇や駆潜艇、海《かい》防艦《ぼうかん》などのエンジン部分の部品を作っていた。六尺のタレット旋盤《せんばん》でネジを切ったり、シャーリングを使って穴をあけたり、フライス盤を操作して、お国のために、天皇の写真が飾ってある工場で働いていたのである。

しかし、子どものころから身体が弱かったため、現場の仕事は一年ほどでやめ、終戦まで身体にそれほど負担のかからない事務のほうにまわされていた。

「新潟鉄工にも、やはり教練がありまして、上級、中級、初級という運動の国民検定試験（注＝一種の体力検定試験）みたいなものがあったんです。それに通るとバッジをつけるんですが、それが、私にはとれなかったんです。上級のバッジをつけている人を見ると、ほんとうにうらやましくってね。中級を見ても、あの人は偉いなと思ったものです。私は初級もとれなかったんですから。

また、駆け足の二千メートルというのがありましてね、これも、私は二百メートルも行くともうだめでした。それと六十キロある袋みたいなものを持って走る。それもやっぱりだめだったんです。ほんとうに現在の私を見ると、体力があるように見えますが、当時はまったくなかったんです。小学校、高等科と無理したのがたたったんでしょう。社会に出るといっぺんに違ってくるから、それでやられたんですね。生まれつき腺病質《せんびょう》でしたから。また当時は予防注射が多くて、それをやると私は四十度の熱が出ちゃうんです。いつも職長が心配して、人力車で送っていただいたりしていたんです、ぜいたくですね」

身体の弱かった池田氏は、当時〝国民病〟ともいわれた結核にかかって、軍事教練をやっている最中に血痰《けったん》を吐いた。

「十九年の夏の日であったと記憶するが、いつものように、蒲田駅の近くの工場から、木銃を持って多摩川の土手へ向かって行進していた。二百人ぐらいであったであろうか、真昼の太陽が照りつける猛烈な暑い日であった」と血痰を吐いた日の記憶を「私の履歴書」に書いているが、十九年といえば東京は主食はもとより、肉、魚、野菜などの生鮮食料品も隣組を通じての配給制で、魚などは五日に一切れといったありさま、買い出し部隊が千葉や埼玉など近県に殺到していたころである。そんな食糧事情のもとでは、結核は治療どころか、逆に悪化するばかりであった。しかし戦局は、氏に入院することをも許さなかった。

新潟鉄工所で働いていたころの池田氏
（最前列右から4人目。昭和7 ～ 20年）

「レントゲンを撮って、鹿島の結核療養所に二年間入るように、医者から命じられたわけです。それが昭和二十年三月ごろでしたから……。しかたなしに『健康相談』という雑誌をたよりに調整していたんですが、血痰と寝汗と咳《せき》の連続でした」

今、私の目の前にいる池田大作氏はもちろん、雑誌のグラフなどで見る氏は、屈強《くっきょう》で健康そのものに見える。国内はもとより世界各国をエネルギッシュに行動する氏の肉体を、かつて病魔が蝕《むしば》んでいたとは……。氏は現在でも、講演などのスケジュールがハードすぎると微熱が出て寝汗をかくことがあるという。

とにかく、連夜くり返される空襲、そして「週に魚一切れ」などという食糧事情下の状況が、氏の肉体から病魔を完全に駆逐することを許さなかったのであろう。

萩中今昔会

私のめざす四十四人のうち、八人の〝昭和史〟がかすかではあるがわかりだして「一葉の写真」から「おい！　元気か」の声が聞こえだした。だが、取材帳に書かれた他の人たちは依然《いぜん》、消息不明のままであった。

私の訪ねた四人の人たちは、取材が一段落すると、世間話に花を咲かせていた。私はそのなにげない話のなかに大きな糸口を見いだした。

それは、田中さんを幹事役に二男四組の同級生を中心とした同級会「萩中今昔会《こんじやくかい》」が存在することであった。会は年に一度開かれる。二年前に伊豆の民宿で開かれた時には、三十年間消息不明だった担任の先生を呼んで盛大に行われた。その時、懐かしさのあまり、参加した全員、大の大人がわれを忘れて泣き伏したという。それほどまでに三十年間の時の流れは、彼らにとって激しく苦しかったのである。

しかし、残念ながら四十四人の中では〝出世頭〟的な存在である池田氏は、一回も今昔会には出席したことがなかった。幹事役の田中さんが案内状を出すと、いつも自筆で丁寧な返事がくるという。

「拝啓　御書簡ならびに、名簿有がとうございます。一別以来、もう何年になりましたか。月日のたつのは、早いものですね。

故旧忘れ得べき諸兄のお顔は、いまでも懐かしく小生の脳裏《のうり》に、折にふれては、思い出されます。

当時は、不安のなかにありましたものの、どこか、呑気《のんき》でよい想い出ばかりが残っております」

これは、池田氏が出席できない旨を幹事役の田中さんあてに出した書簡の一部である。

しかし、池田氏は、入信する前にただ一度だけクラス会に出席したことがあった。その時、氏に連絡にいった源川さんが、当時のことを記憶していた。

「俺と又右衛門（松原）とで、自転車で連絡にいったよ、森ケ崎の海苔《のり》屋の離れみたいな所にいたころだよ。彼は、来るか来ないかはっきりしなかったんだ。池上（大田区）にいた《松原常治》の家でやった時だよ。終戦後で料理屋なんかなかったし、今みたいに物もなかったので、みんなでいろんなものを持ち寄ってやったんだ。そうしたら、はじまって小一時間ぐらいたってからだったかな、池田がひょっこり来たんだ。たぶん尋《たず》ね尋ねて来たんだろうよ。みんなが、『なんだ　池田、来たのか。こっちへ来いよ』ってわけで席をつくって喜んで迎えた。その時、池田も一緒に軍歌調の歌なんか歌って、みんなと楽しそうに騒いで帰っていったよ。それっきりクラス会には出てきてないな」

とにかく、一度だけだが池田氏はクラス会に参加しているのである。

そして、今昔会のみんなが男泣きした担任の先生とのめぐりあい、その先生の住所を今昔会に知らせたのは、ほかならぬ池田氏本人だったのである。

大田区梅屋敷《うめやしき》にある大田区立体育館で開かれていた創価学会の会に、田中さんと石井さん、源川さんが今昔会のことで会いにいった時、池田氏の係りが、担任の先生の住所と電話番号を知らせたのが発端である。

氏が、担任の先生の住所を知ったのは、ひょんなことかららしい。源川さんによれば、

「先生の勤めている中学校の講堂で学会が催しをやったわけだ。そこに池田君が行ったんだ。その時はもう学会の会長だっただろう。廊下で偶然ぶつかってさ、まあびっくりしたってわけらしいよ。池田君もそれまで、その学校の先生だったことを知らなかったんだろう」

そんないきさつで、担任の先生の住所を知った今昔会のメンバーは、伊豆で会を開いた後も、毎年先生を呼んで盛大に同窓の宴を開いているが、今昔会に出席しない氏に対して、

旧友たちの間にいくぶん同情的な見方はある反面、かなり手きびしい見方もなくはない。

しかし、

「池田君は、われわれとかけ離れた存在になってしまった。さぞかしわれわれと会って昔話でもしたいに違いない。誘ってやろうじゃないか」

同級生の思いやりなのであろう、今昔会が開かれるたびにかならず招待の通知が、池田氏のもとに出されているのである。


現在、今昔会は二十数名の同級生の消息をつかんでいる。名簿には、住所・氏名、電話番号と職業が記入されている。

「一葉の写真」に写る四十四人の人たちの〝現在〟は——今昔会の名簿と私自身が調べた消息を加えてみると——。

「萩中」の《斎藤和彦》さん不明。

「北糀谷」の《庭山徳二》さんは高崎市に健在。

「糀谷」の《吉川雅晴》さん不明。

「羽田」の《山下実》さん死亡。

「糀谷」の《松原武》さんは糀谷でプロパンガス販売。

「羽田」の《直井富蔵》さん戦死。
「羽田」の《金海秉奎》さん不明。
「糀谷」の《荒井源次》さん戦死。
「糀谷」の《佐藤正夫》さんは西糀谷でブロック屋。
「羽田鈴木町」の《酒井和夫》さんは会社員。
「糀谷」の《磯部幹愛》さんは代々のトビ職の頭。
「糀谷」の《内田友夫》さんは下丸子《しもまるこ》でパチンコ屋。
「羽田」の《佐藤正之》さん不明。
「糀谷」の《武山正義》さんは北海道赤平《あかびら》市に健在。
「羽田」の《渡辺一》さんは会社役員。
「糀谷」の《松原又右衛門》さんは事務機販売。
「羽田」の《小川禹睦》さんは羽田に健在。
「羽田鈴木町」の《村石昭》さんは東京ガス勤務。
「糀谷」の《池田太作》さんは創価学会会長。
「羽田鈴木町」の《鳥越四良》さんは川崎市で鋳物《いもの》屋を経営。
「羽田」の《木闇《きやみ》武雄》さんは高崎市に健在。

「羽田本町」の《松沢芳男》さんは個人タクシーの運転手さん。
「羽田」の《伊東辰之助》さん不明。
「萩中」の《小柳弘》さん不明。
「糀谷」の《原沢敬》さん戦死。
「糀谷」の《松原常治》さんは金沢文庫（神奈川県）で健在。
「羽田」の《石井政治》さんは鉄工所を経営。
「羽田」の《田中義章》さんは米屋。
「糀谷」の《福田稔》さんは武蔵境に健在。
「羽田」の《相沢昭一》さんは川崎市で鉄工所を経営。
「羽田本町」の《原田巖》さんは会社員。
「羽田鈴木町」の《伊東正彦》さんは川崎市に健在。
「糀谷」の《佐々木辰夫》さんは京浜急行の広報室勤務。
「羽田」の《吉沢昭二郎》さんは川崎市ですし屋経営。
「羽田本町」の《藤井昭二》さんは満蒙《まんもう》開拓団に参加して死亡。
「糀谷」の《浦野二三男》さん不明。
「羽田本町」の《植頭《うえず》義一》さんは事故死。

「糀谷」の《堀場京雄》さん不明。

「新宿」の《及川繁雄》さん不明。

「羽田」の《鈴木三郎》さんは運送会社勤務。

「羽田鈴木町」の《源川正》さんはタクシー会社の営業所長。

「糀谷」の《坂野昭二》さん不明。

「糀谷」の《石井信久》さんは不動産屋。

「糀谷」の《正木雪男》さん不明。

校長の《立花改之進》先生不明。

担任の《岡辺克海》先生は岡山県倉敷市に健在。

四十四人のうち所在のわかっている人は二十四人、死んでしまった人が四人。あとの人たちは消息不明である。まさに時の流れのなかにかき消されてしまった人たちであった。

だが、今昔会で所在のわかっている人たちの結束《けっそく》は、きわめてかたい。それは、大半の人たちが生まれ育った家を焼かれ、学んだ母校も〝幻の学校〟になってしまい、あの混乱の巷《ちまた》を裸一貫で歩いてきた人たちで、人生の半ばにさしかかった今、故郷を懐かしみ回帰しようとするのは当然のことであろう。

そんなみんなの〝心〟の通底器《つうていき》の役目を果たしたのが、池田氏を一瞬深く沈黙させた「一葉の写真」であった。

今昔会の幹事役の田中さんは、

「今昔会なんて、そんなかたくるしい会じゃないよ。みんな集まって、酒を飲んで、ばか話しして、いたって気軽に『おい、元気か、娘、嫁にいったか』ぐらいの話で、終わったら『会費いくらだい、また、そのうちな』なんて感じなんだ。でも、池田君ぐらいになれば、われわれとは日常の生活感覚が違うんでしょうな。われわれがなに言ったたって、どこに行ったたって、問題にならないが、池田君が話したり、行ったりしたらすぐ問題になるからな。ほんとうの自分の顔になれる時って寝ている時ぐらいなものじゃない。ちょっとしたことでも週刊誌などに書かれたりして大変だね」

そんな彼らには、昔、同じ釜《かま》の飯を食った者だけがもつ結束のかたさ、親しさがあるのであろう。

萩中今昔会の話をしだすと、池田氏は改めて「一葉の写真」を見ながら同級生たちのことに思いを馳《は》せていたようだ。そして、

「当時は、自分が生きることで精いっぱいで、友人と連絡をとることすらできない状況でした。森ケ崎のほうにおりましたから、そのへんに集まった青年たちの読書会とか、サークル活動のほうに重点がいっていたわけです。

あのへんは、庶民の連帯が大変しやすい地域であることは事実なんです。蒲田のほうで一時布教しましたけれど、当時、同級生は田中（義章）君だけは知っていましたが、ほかの人はあまり明確にわからなかったんです。同窓生の今昔会は、私が会長になった時分から動き始めたんですが、開かれる時期が七月の末で、私は恒例の夏季講習会にどうしても出なければならないものですから、何度か手紙でお断りしていました。そのことは非常に申しわけないと思っています」

と、クラス会に出席できなかった事情を、ほんとうにすまなそうに説明していた。

意外な話の連続に、緊張と吐息《といき》が入りまじって、池田氏にはもろもろの思い出が駆けめぐるようだ。日ごろ温厚な氏の表情に、いくつかの別の表情が浮かんでは消えていった。

今は、まったく忘却《ぼうきやく》の彼方に去ってしまった校門や教室や校庭や白墨や運動グツ、そして先生、友だち……。三十年前の歳月の底に塗り込められていたあ、の、日あ、の、時が鮮烈に、また朧《おぼろ》げに氏の脳裏に満ちてはひいていく。彷彿《ほうふつ》の日々——。

ふと氏がたずねた。

「〝海賊先生〟は、お元気でしょうか」

〝海賊先生〟とは、萩中国民学校時代の恩師のことである。

海賊先生

〝海賊〟と仇名《あだな》された二男四組の担任、岡辺克海《かつみ》先生は、岡山県倉敷市水島に住んでいる。現在は教壇を去り、市の福祉事務所で児童相談員をしているが、二年前までは倉敷市北中学校の校長先生であった。

倉敷市水島は、昭和三十年代半ばまでは高梁川《たかはしがわ》の河口に広がる東西十キロほどの干潟《ひがた》の海であった。干潮時には岸から沖へ、二キロも砂浜が姿を現し、二メートルもある藻《も》が生い茂っていた。藻場は魚介類の産卵、育成場で、とくにクルマエビ、そして岡山名物のマカリ漁が盛んであった。

しかし、日本の高度経済成長の波がここにも一気に襲いかかり、〝豊かな海〟はまたたく間に〝死の海〟と化していった。埋め立てられた干拓地《かんたくち》には、広大な水島コンビナートが出現して、漁民たちは羽田の漁民と同様〝陸《おか》〟に追い上げられていったのである。

その干拓地のど真ん中に、ひとかたまりの住宅街があるが、〝海賊先生〟はその一隅《いちぐう》に住んでいる。倉敷の旧市内は〝歴史の街〟として名をはせているが、コンビナートの石油タンクと煙突が林立する水島地区は、新興の工業基地だ。

訪ねた私に、「以前はここは海だったんです。私の家も漁師で、ここで漁をしていました」といいながら、萩中国民学校の懐かしの教え子たちに再会した喜びの模様を掲載《けいさい》した北中学校のPTA新聞を見せてくれた。「再会まで」と題した先生の一文は、

「東京に勤めていたころ、苛烈《かれつ》な戦争の真っ最中に、〝産業兵士〟として送り出した教え子から実に三十一年ぶりの懐かしの便りでした。当時十五歳のこの子たちは、今は四十五、六になっているはずです。戦中戦後の時代を、どのように生き抜いてきたか、お互いに消息ないまま過ぎ去った三十年でした」

という書きだしで始まっている。

岡辺先生も、四十四人の卒業生を送り出してから二年後の、十九年八月に志願して広島の宇品《うじな》港からスマトラに日本語教師として〝参戦〟していった。青山師範出の先生の〝戦後〟は、新制中学発足と同時に郷里、岡山で中学校の教師として再スタートした。それ以来、三十年間教壇に立っていた。

〝海賊〟と仇名され、柔道の黒帯だっただけあって、今でもガッシリした体軀《たいく》は堂々とし

ているが、頭にはかなり白いものがまじりだしていた。

「これは瀬戸の海でとれたんです」とすすめてくれたシャコをむきながら、先生はタイムマシンに乗っているかのような流暢《りゅうちょう》さで話を進めていった。

「池田君はおとなしかった。成績はいつも四、五番かな。だけど目だたない普通の生徒でした。ただ、覚えているのは彼の名前のことです。〝太作〟の〝太〟の字を、私は大変気に入っていましてね。というのは、私自身〝儀忠太子〟の〝儀〟を長男に、〝忠〟を二男につけたんです。三人目も男が生まれたら〝太〟の字を名前の中に入れるつもりでした。残念ながら三人目は女でした……」

池田氏が先生の居所を知ったのは、戦後五、六年たっていた。

「私が池田君を知ったのは、あの四十四人の中では一番初めでした。たしか二十五年ごろでした。どこで調べたのかわかりませんが、手紙や『聖教新聞』[注16]を送ってきまして、元気に活躍しているな、って思いました。最近では『人間革命』[注17]など創価学会に関係のある本を送ってくれています」

と応接間の本棚《ほんだな》を指さした。そこには、数十冊の創価学会関係の本が置かれていた。それに、岡辺先生は直接、池田氏と再会していた。

「四十五年ごろでしたか、岡山で創価学会の文化祭があったんですよ。そのとき呼ばれましてね。居並ぶ来賓をさしおいて私のそばに来て『先生、おひさしぶりです。お元気ですか』と握手してくれました」

〝海賊先生〟にとって、感激はひとしおだったようである。文化祭のフィナーレが終わってライトでパッと会場が明るくなり、学会員が見まもる晴れがましい場で「先生！」と駆けより〝恩師への礼〟をつくした池田氏と、伊豆の民宿で一晩中酒をくみかわし、大の大人が泣き伏して再会を喜び合った彼らと、その心情に隔《へだた》りはあるのだろうか。先生は、一人一人の教え子の話に入っていった。

羽田の街と空港をわける海老取川。岡辺先生に引率されて潮干狩りや海水浴をした

「あのころは、若かったからガムシャラだった。夏なんか、全員裸にして近くに流れている多摩川や東京湾まで走らして泳がせたりしたもんです。羽田飛行場辺も、今と違って潮干狩りや海水浴ができました。この前、東京に出た時、学校があったあたりを歩いてみましたが、昔の面影はなんにもありませんでした。変わりましたね、あの辺も、

この水島と同じで……。ほんとうにあのころはガムシャラでした。私の教え子が、他の先生になぐられて泣いていると『なぐったのはだれだ！　俺の生徒を！』と、なぐった先生を呼びだして逆になぐりかえしたものです。

池田君はおとなしかった。やんちゃ坊主は、吉沢に磯辺、それに源川、鈴木君たちで、いたずらばかりしておった。優秀だったのは又右衛門君（松原）に田中君、それに正彦君（伊東）だったかな」

三十数年前、荒波の中へ送りだした教え子たちの記憶は、先生にとって鮮烈である。〝海賊先生〟にやんちゃ坊主といわれた、先の源川さんは、

「岡辺先生は、よく多摩川や東京湾の海岸へ連れていって泳がせてくれたよ。自分の気持ちがのらない時には教えないで、宮本武蔵なんか読んでくれたりして……。そう、二時間もな。いい先生だったよ、なんていうかな、スパルタ教育なんだが、しかし、やさしいところもあったたな」

彼らと岡辺先生の絆《きずな》は非常に強い。それは当時の風潮であったとはいえ、スパルタ的な教育方針と岡辺先生の人間味によるのではなかろうか。

池田氏は、岡辺先生について、目を細めながら次のように語っていた。

「岡辺先生のことは存じ上げておりました。先生の居られる所は、今昔会に私が教えたんです。そういえば、先生のおられる所を知ったのは私がいちばん早かったかもしれません。存じ上げるきっかけは、岡辺先生のお近くに学会員がいて教えてくれました。

お手紙も何回もいただきましたし、私が大変な時期には、必ず『雑草のように強く生きてください』という激励《げきれい》文をいただいたりしておりました。

岡辺先生を一言でいいますと、名教師であったと思います。顔も風貌《ふうぼう》もソクラテスに似ておられ、生徒の個性をつかみ、それを伸ばす名手であったと思います。

黒板の字なども、非常にお上手で、それだけなら普通のことですけれども、頭や胸にしみ込むようにものを与えてくれる。それも実に論理的なんです。そういう意味においては印象深い、個性の強い教師という思い出があります。

ぼくは海賊の子どもだ——岡辺先生はご自分の風貌をユーモラスな表現でこうおっしゃっておられました。〝海賊先生〟のニックネームもそんなところから生まれたと思いますが、こわかったという印象は、私にはさほどありません。生徒のそれぞれの個性をどうつかもうか、どう伸ばそうかという点で鋭い観察眼《かんさつがん》と洞察力《どうさつりょく》はあったと思いますが……。なかには、それをこわいという人はあったかもしれませんけれども……。私の場合でいえば、むしろ自分をよく理解してもらって、短期間に伸ばすように方向づけてくださった、それが励《はげ》みになった、そういうふうに思って感謝しております。

また、私は小さいころから身体があまり達者でないほうでしたから、先生から運動を奨励され、ご自身も一緒に駆けてくれたり、鉄棒をやってくれたり、ということがあったので運動好きになりました。そういえば岡辺先生は相撲がお好きで、よくやらされました。しかし、私はずいぶん負けました」

そんな〝海賊先生〟にも、気がかりになる教え子がいた。それは、「狭い日本ではだめだ。大陸でも南方にでも出ていって、その土地の〝土〟となれ！」と指導し、卒業と同時に満蒙開拓青少年義勇軍に送り出した《藤井昭二》さんのことであった。

藤井少年は、いわれた通り勇躍として大陸へ出かけていった。そして広野《こうや》の〝土〟と化してしまったのである。当時の、どうすることもできない風潮であったとはいえ、このことが〝海賊先生〟の心に深い傷跡として残っている。今でもそれがときどきうずくのである。

「私は〝覇道《はどう》〟であってはならない、〝王道〟でなければ、と思っておりましたが……。私も早くから南方に行くつもりでしたから、しかし……」

時代の歯車が狂ってしまった岡辺先生は、教育者としての責任を痛感して静かに沈み込んでいった。応接間の窓からは、コンビナートから吐きだされる黒煙が、潮風にのってかすかにたなびいていた。

[注1] ミハイル・アレクサンチリヴィチ・ショーロホフ（1905〜1984） ロシアを代表する小説家。代表作は『静かなドン』『開かれた処女地』『人間の運命』。ノーベル文学賞受賞（1965）。池田大作氏は1964年9月、モスクワを訪れ対談する。
[注2] カマボコ兵舎（蒲鉾兵舎） 断面が半円形（カマボコ形）の兵舎。戦後、米軍が持ち込み、日本中の基地に建ち並ぶ姿は、占領された日本の象徴的な風景。戦後の羽田にも建ち並んでいた。英語ではGoonset Hut。
[注3] 五族協和（ごぞくきょうわ） 日本が戦前、現在の中国東北部に出現させた満州国建国の理念。五族とは日本人、漢人、朝鮮人、満州人、蒙古人。その他、満州国にはロシア革命から逃れた白系ロシア人、ナチから逃れたユダヤ人なども居住していた。もう一つの理念王道楽土（おうどうらくど）満州国の建国の理念はアジア的理想国家（楽土）を西洋的な〝武〟による政治（覇道）ではなく、東洋の〝徳〟による統治（王道）でなければならないとした。
[注4] ミッドウエイ海戦（Midway Naval Batlle） 昭和17年（1942）6月5日〜7日にかけ太平洋上のミッドウェィ島で行われた海戦。日本軍は旗艦「赤城」を始め航空母艦「加賀」など4隻と艦載機を失い、太平洋での海戦の指導権を失った。
[注5] 産業道路（さんぎょうどうろ） 昭和11年（1936）、京浜国道（旧東海道）の混雑緩和のため、前身である府道16号を拡張、多摩川には大師橋（旧橋）を架け、神奈川県側は鶴見臨海鉄道軌道を廃止して、大森〜鶴見間の京浜工業地帯の幹線道路とした。

[注6] ビルマ　現ミャンマー連邦共和国。1943年、「建国の父」といわれたアウンサンに率いられる独立義勇軍により、イギリスの植民地から独立。独立の際には日本の支援が。尚、アウンサンは現在、「ミャンマーの母」と呼ばれるアウンサン・スーチーの父。ビルマ戦線では池田氏の兄が戦死している。

[注7]『私の履歴書』　池田大作著。自らの少年時代から第3代会長に就任時、さらにその後を執筆。昭和50年（1985）5月16日、日本経済新聞社刊。後に聖教新聞社に於いて文庫化されている。

[注8] 戦争に於ける人的被害　人類史上最大の戦争、第二次世界大戦の犠牲者は軍人、民間人合わせて5、000万人とも8、000万人とも言われる。当時の世界人口の2・5%に当たる。

[注9] 羽田闘争（はねだとうそう）　昭和42年（1967）10月8日（第一次）、11月12日（第二次）、羽田空港に架かる弁天橋、穴守橋に於いて佐藤栄作首相のベトナム戦争支援に新左翼中核派と革マル派の反対闘争。当時、18歳だった京都大学生だった山崎博昭さんが死亡した。

[注10] 新潟鐵工所（にいがたてっこうじょ）　前身は明治28年（1895）、石油掘削を目的に新潟に設立された日本石油付属新潟鐵工所。明治43年（1910）、分離独立、本社を蒲田に移し、軍需工場として艦船の部品から人間魚雷まで製造。戦後はディーゼルエンジンなど幅広く展開していたが2001年、経営破綻した。

［注11］青山師範（あおやましはん）明治６年（１８７３）に小学校の教員育成の目的に開設された教育講習所が前身。その後、明治41年、東京府立青山師範学校となり、昭和18年、小石川竹早にあった女子師範と統合、東京師範学校とした。戦後は東京学芸大学教育学部の母体の一つとなった。

［注12］人間魚雷『回天』（にんげんぎょらい『かいてん』）日本帝国海軍が超大型魚雷を転用、開発した一人乗りの特攻兵器。終戦の年の５月、４５０機が完成。一度、駆逐艦から発進されたらハッチを空けことが不能。多くの若者たちが死んでいった。

［注13］船山馨（ふなやまかおる）北海道生まれの小説家。戦後、実存主義的な傾向の強い作品を発表、椎名鱗三、野間宏、埴谷雄高らとともにだ一線で活躍するが、ヒロポン中毒となり文壇を去るが、歴史ロマン小説『石狩平野』で復活。『お登勢』『放浪家族』など作品多数。

［注14］大東亜共栄圏（だいとうあきょうえいけん）欧米諸国の植民地支配からアジアを解放、日本を盟主とする共存共栄の新たな国際秩序建設を目指した第２次世界大戦前の日本の構想。昭和16年（１９４１）、近衛文麿内閣が決定。スローガンは『八紘一宇』であった。

［注15］東京初空襲　大戦中の昭和17年（１９４２）４月18日、空母ホーネットから発進した米空軍爆撃機Ｂ－25、16機が初めて東京を含む日本本土を爆撃、中国大陸に去った。日本側の死者87名、米軍パイロットの捕虜８名。上海軍事法廷にて全員に死刑を宣告。３名を処刑。東条英機は『血に飢えた独裁者』とアメリカの新聞の書きたたかれた。軍部は『帝都空爆』に脅

威を感じた。

[注16] 聖教新聞（せいきょうしんぶん） 創価学会の機関紙。昭和26年（1951）4月20日創刊。当初、旬刊2ページ。発行部数は3000部。現在は12ページ、日刊、公称550万部。1ページは池田会長の動静を伝える記事。印刷は全国の新聞社系の印刷会社。特に毎日系。配達員は「無冠の友」と呼ばれる学会員が担当。

[注17]『人間革命』（にんげんかくめい） 第2代会長戸田城聖によって唱えられた創価学会の中心的な思想。戸田会長及び池田会長によって書かれた同名小説。戸田版は1951年から、池田版は1965年から1993年まで連載され、池田版は全12巻の単行本として刊行されている。『新・人間革命』（しん・にんげんかくめい）池田会長による続編は1993年から開始され現在も連載されている。『人間革命』の連載記録は7、000回を越え、日本の新聞連載小説の記録である山岡壮八の『徳川家康』の記録4、725回を上回り、新聞連載記録を更新している。なお、全世界での単行本発行部数は4、000万部を越えるという。

戦争のはざまで

鍬の戦士

満蒙開拓青少年義勇軍に行った《藤井昭二》さんの戸籍は、東京都大田区の羽田特別出張所の暗い書庫に眠っていた。

その戸籍は「東京都大田区本羽田二丁目参百五拾五番地　藤井タマ」さんの「除籍簿《じょせきぼ》」に発見できた。藤井昭二さんの欄には、無情な二本の線が交差され、その下に、

「昭和二年八月二十五日神奈川県横浜市中村町字給千五百二十六番地で出生、父藤井七郎届出　同年九月二日受附入籍。

未帰還者《みきかん》に関する特別措置《そち》法に基づき昭和四十二年十一月三日　戦事時死亡宣告確定昭和二十八年二月四日死亡とみなされる　東京都知事届出　昭和四十二年十一月十八日受附

除籍」

と、かすかに読みとれた。

藤井昭二さんは、名前が示すとおり、昭和二年の生まれである。父、七郎さんは昭二さんが小学校六年の昭和十五年に死亡している。昭二さんは母親タマさんに育てられた。が、タマさんは息子の死を確認できないまま昭和四十一年に死亡した。

「満蒙開拓青少年義勇軍」といっても、戦後生まれの若い者にはなんのことだか、見当がつかないかもしれない。簡単に説明すると、日本帝国主義が大陸に建国した傀儡《かいらい》国家、満州国を開拓するために組織されたもので、日本の兵農殖民《へいのうしよくみん》政策の重要なウエートを占めていた。太平洋戦争の終了とともに義勇軍も少年たちも悲惨な幕をとじた。

終戦時に中国東北部にいた日本開拓民はおよそ二十七万人だったといわれているが、そのうち、引き揚げまでに戦死、自決、凍死、病死、そして餓死した人は七万八千五百人にのぼる。驚いたことに、三人強に一人の割合で死亡して大陸の〝土〟となったといわれている。藤井さんもその中の一人であった。

〝鍬《くわ》の戦士〟といわれたこの少年義勇団は、農村の〝神武《じんむ》〟[注1]たちの夢であり、憧《あこが》れでもあった。同時代の少年たちは、すすんで志願して大陸に渡っていった。それが当時の日本人の少年として〝お国のため〟〝天皇のため〟の〝皇国運動《やまとばたらき》〟だったのである。

藤井さんは、四男の〝神武〟だったが、農村の〝神武〟ではなく、都会の〝神武〟であった。一般的な風潮においては、開拓の主力は農村の少年たちで、都会の少年たちはそれほど多くはなかった。にもかかわらず、都会生まれの藤井さんが、なぜあえて参加していったのか。それにはこんな理由があった。

〝第二の屯田兵《とんでんへい》〟とか〝昭和の白虎隊《びゃっこたい》〟と新聞や雑誌で騒がれた義勇軍は、そのときすでに第一次ブームが去っていた。それに、義勇軍の現実はそれほどまでバラ色でないことがわかりだしていたため応募者が激減していった。事態を憂慮《ゆうりょ》した拓務省《たくむしょう》は、文部省を通して小学校や青年学校に通達を出し、教師たちに志願者をつのらせ、教師の説得がいたるところで毎晩のように続いた。

「満蒙開拓青少年義勇軍」の著者、上笙一郎《かみしょういちろう》氏は、〝児童残酷物語〟として同書でこう書いている。

「教師が説得、勧誘して義勇軍の志願させたため、辛い生活に直面した時、少年たちが教師を恨むというようなことになったのである」

そして夢を裏切られた少年たちの手記も紹介している。

「だまされた！　誰に。学校の先生にか？」

「ちくしょう、俺は馬鹿だった！」

と。

藤井さんがどう思ったか知るよしもない。しかし文部省の通達が、萩中国民学校にもきていたことは疑う余地はない。藤井さんも、文部省通達によって説得され、参加していった一人ではなかったか。本人の希望が大きかったにしろ、そう推察しても無理からぬことではない。

これは〝わが町・羽田〟の路地裏に踏み込んだ取材中、偶然知ったのだが、藤井さんと一緒に大陸に夢を託して参加し、命からがら生還していた人がいた。羽田に住む大山清次さん（萩中国民学校十七年卒、二男二組）である。藤井さんとはクラスこそ違え、同じ年に〝幻の学校〟を卒業した一人である。

大山さんは「私たちが参加したのは、昭和十八年三月のことでした」と前置きして、当時の苦汁《くじゅう》をなめるような参加のいきさつと、藤井さんが死亡したと思われる状況を説明してくれた。

それによると、大山さんたちは萩中国民学校の卒業式よりも早く、昭和十七年の三月十七日に内原《うちはら》訓練所の入所式に駆けつけた。内原訓練所というのは、茨城県東茨城郡下中寿村内原にあり、開拓民専用の内地の訓練所であった。正式には「乙種《おつしゅ》農林学校」で、常磐線の内原駅から東南へ二キロほど離れた松林の中にあった。

所長は、天皇のための〝農業は善なり〟を主唱し、天皇制農本《のうほん》主義者といわれた加藤完治であった。「日本は島国だ、大陸は広い、その地に日本人が乗り込んで開拓するのは〝日本人の天職《てんしょく》〟である。それは、とりもなおさず天皇のためであり、お国のためである」と唱え、大陸へ八万余の少年たちを送り出した。しかし、その半数以上の少年が〝土〟と化して、二度と故国の土を踏むことができなかった。内原訓練所に行った中で、都会育ちは大山さんと藤井さんらが参加したときが初めてだった。

「私たち都会育ちの東京の生徒の集団参加は、五次にわたった義勇軍募集の最後でした。第五次義勇軍約一万人のなかの一員で、東京育ちが中隊としてまとめられたのは、後にも先にもありませんでした」

第五次義勇軍には、東京の各区から参加していた。当時、大山さんや藤井さんの住んでいた羽田は蒲田区で、同区からは十八名が参加し、第三十五中隊約五百名の中に編入された。

この蒲田区十八名のうち、萩中国民学校出身者が八名を占めていた。二組から二名（大山清次、小黒善太郎）、三組から二名（吉田弘、渡辺洋）、「一葉の写真」の四組からは三名（《藤井昭二》、《庭山徳二》《武山正義》）、それと五組から一名（堀貞夫）であった。

藤井さんは先に述べたように、不運にも大陸の〝凍土《とうど》〟と化してしまっていたが、他の二人は今昔会の名簿では〝不明〟のままになっている。それはさておき、大山さんたちは内原で〝皇国に殉ずる開拓魂〟をみっちりたたき込まれていた。

「藤井君とは内原から現地まで、ずうっと同じ中隊にいて、終戦も一緒に迎えたんですが、引き揚げの途中、朝鮮半島との国境に近い通化《つうか》（現在の吉林《きつりん》省南部）で、終戦の翌年の二月三日早朝に別れたままなんです。どうしてしまったのか……。藤井君は大変まじめな人だったです」

　大山さんと藤井さんたちが内原を十八年三月に卒業し、開拓青少年義勇隊として現地で昌図《しょうと》訓練所に入所したのは三月二十五日であった。昌図訓練所は、傀儡《かいらい》政権下の満州国四《し》平《へい》省昌図県満州村にあった。満州村は奉天《ほうてん》（現在の瀋陽《しんよう》）から北へ百二十キロほど離れたところで、昌図の市街地からはなれた北西の丘陵地帯の一角にあった。そこには、かつて〝排日の将軍〟張学良《ちょうがくりょう》が駐屯《ちゅうとん》していた赤れんが造りの広大な兵営があり、義勇軍はその兵営の半分を使用していたが、傀儡国軍も駐屯していた。昭和十四年に起こった義勇軍歴史上の最大の不祥事件といわれた〝昌図事件〟[注2]の舞台でもあった。

　昌図で二年間におよぶ現地訓練のあと、つまり二十年三月に十八歳で卒業すると、大山さんたちは、開拓団に行くものと軍属《ぐんぞく》に行くものと半々に分けられた。大山さんと藤井さんは、ともに開拓団に選ばれて「第三次義勇軍一徳開拓団」（団長・村木光三＝健在）に加わって通遼《つうりょう》の開拓地に、終戦のわずか五か月前にたどりついた。

「わたしは、開拓にとりかかるとともに、羽田の実家が強制疎開になって、住む家もなかったので、おやじに連絡して『こっちに来て一緒に開拓をやろう』と、一家を呼び寄せたんです。父母、それに妹三人、弟一人の一家六人が来たのは四月でした。それからわずか二か月の間に六町歩も開拓して、大豆、コーリャン、野菜などを植えつけ、八月にはカボチャ、スイカも大きくなって収穫できるようになりました。一緒に行った藤井君は、開拓村では農協のような開拓団本部事務所に勤務していました。というのは、彼は身体があまり丈夫でなく、農作業にはちょっと不向きだったからなんです」

大山さんも藤井さんも、戦局が日を追って不利になっていたことはうすうす知っていたが、厳然と日ソ中立条約〔注3〕が存在し、天下の関東軍《かんとうぐん》が守っていてくれたこともあって比較的安心していた。だから、あの「昭和二十年八月九日零時、ソ連、突如として進入を開始」のニュースも知らなかった。いや、知らされなかったというのが事実かもしれない。

ソ連参戦も知らず、収穫の喜びを楽しみにしていた大山さんたちに、八月十三日になって突然通遼駅の方向から銃声が聞こえだし、「現地人たちが大騒ぎしだした」との情報が入った。が、大山さんたちは「なにかあったのかな、まさかソ連が攻撃してくるわけもないだろうし……」とタカをくっていた。が、昼過ぎになって、関東軍から「婦女子を避難させろ！」の緊急命令が出た。

「母や弟、妹たち五人を馬車で駅まで送り、列車を見送って村に帰ると、こんどは『開拓団隊員は武器弾薬を持って駅に集合せよ！』の命令が出ていたんです。おやじは五、六軒入植した地区の会長だったので、そこに残して駅に駆けつけると、たよりにしていた関東軍は全員逃げてしまい、残った連中が『戦争が始まった。ソ連軍が攻めてきた！』と騒いでいる。その時はじめて戦争が始まったことがわかったんです」

大山さんと藤井さんらは、駅から列車に乗せられ、四平を通過して通化まで南下させられ、終戦は通化に着く列車の中で知らされた。

「ほんとうにあの時は、なにがなんだかわからなかったんです。わたしたちは内原から昌図と、ぜんぜん娑婆《しやば》の空気にあたっていませんでしたし、なんにも知らされていなかったんです」

通化には、大山さんたちが着く前に、もうソ連軍と国府軍《こくふぐん》がやってきていて、八月十九日に武装解除された。六十人ぐらいずつの集団にまとめられ、元関東軍の慰安所《いあんじょ》だった「松竹」という料理屋に割り振られて〝半監視自活〟の状態におかれた。

だが、ソ連軍などは、この日本人の〝集団生活〟に対して警戒心が強く、十月に入ってから、日本人が住んでいた菓子屋、鍛冶屋《かじや》、寺、陸軍病院、官舎などに分宿させられた。

大山さんは東本願寺別院の本堂、藤井さんは数十軒並んでいた陸軍病院の軍医たちの官舎に入れられた。

「藤井君は、わたしと別のところにいました。団本部の事務所員時代の続きで、物資の調達係で元気にやっていたんです。十一月に入ってから兵隊や特高《とっこう》たちが民間人になりすまして自活集団の中に残っていたので〝戦犯狩り〟をやりだしました。軍人や村長などの指導者を捜し〝人民裁判〟にかけては、毎日二十人から三十人もが銃殺されだしたんで、初めのうちは『日本人は皆殺しにされる！』というデマが飛びましてみんなビクビクしていたんです」

〝日本人皆殺し〟はなかったが、年を越した二月三日の旧正月の朝四時、大陸引き揚げ者なら誰一人として知らぬ者のいないといわれる通化事件が引き起こされた。

通化事件[注4]は、民間人にまぎれ込んでいた藤田参謀《さんぼう》長以下軍人集団はじめ、義勇軍（開拓団）関係者、民間人を含めた約六百人が進入、軍司令部となっていた「竜泉ホテル」などの要所に切り込み隊を編成して攻撃をかけた事件である。

この事件では、約二千人の日本人が死んだといわれている。《藤井昭二》さんも、その一人であったのであろうか――。厳寒の地の凍土となってしまったのだろうか。

私は、大山さんの話を聞いて、ある戦慄《せんりつ》を感じた。〝五族協和《ごぞくきょうわ》〟〝王道楽土《おうどうらくど》〟の新天地を切り開く日本男児の精鋭と鼓舞《こぶ》され、〝鍬《くわ》の戦士〟として、萩中国民学校の校庭で全校生徒の前に胸を張り、勇んで大陸へ渡っていった藤井さんの顔がはっきりと浮かんでくる。その藤井さんが、ソ連軍の侵攻で関東軍[注5]、いや、国家に見捨てられて悲劇の死をとげたのである。あまりにもむごい話ではないか。大陸に侵略したのは、あくまでもどす黒い欲望を抱いた国家である。そして被害者は、そこに住む無辜《むこ》の住民たちであった。侵略のむくいは、志願していったとはいえ、半強制的に国家の具にさせられ〝昭和の白虎隊〟とたたえられ、半ばヒロイスティックに大陸に渡った人たちの上に打ちおろされたのである。

池田大作氏は、この同級生の死に深々と頭を下げたままであった。そして一言、

「悲しいことだ、まじめな青年だったのに……」

といって、目をとじた。

職人かたぎ

〝わが町・羽田〟は秋雨の中に煙っていた。私は「一葉の写真」に写る少年たちの〝現在〟をもとめて、いつしか彼らの通学路になっていただろうと思われる京浜工業地帯の大動脈、産業道路沿いの縄《なわ》のれんの一杯飲み屋にまぎれ込んでいた。六時だった。ちょうど工場のひけ時で、それほど広くない店内のテーブルは、すでに八分通り埋まっていた。

「モツ二人前、お酒三本！」

「へえ、いらっしゃい、おふたりさん、カウンターにどうぞ！」

大声を張り上げる板前。割烹《かっぽう》着姿の脂ぎった仲居……。そして店の奥の座敷では、将棋盤に向かい合い、賭《か》けた千円札を血眼になって取り合っている職人風の二人。のぞき込む〝十二の目〟。早くも酔いつぶれている作業服の男。およそその場の雰囲気《ふんいき》にそぐわないキャンディーズの「可愛いい　可愛いい　年下の男の子」の乳臭い声……。どこの下町にもある居酒屋の風景だ。

私はモツ煮に箸《はし》をはこびながら、この中にもあの〝二男四組〟の誰《だれ》かがいるのではないか、ふとそう思いながら今昔会の名簿と電話帳をにらみあわせて、あてどもない追跡を始めていた。

「原田巖　大・本羽田　七七三―〇〇〇〇」

見おぼえのある名前だ。私はあわてて十円玉を赤電話口に放り込んだ。電話に出たのは、やはり、四十四人の中の一人《原田巖》さんであった。原田さんの家は、その縄のれんの店から歩いて五分ほどの工場の裏手にあった。

「ほう、なんですか。話といっても俺は根っからの職人だからな、むずかしいことはわからねえよ」

人なつこそうな原田さんは、ニコニコ笑って応対してくれた。

原田さんの戦中戦後は一貫して機械関係の職人だった。萩中国民学校を卒業してすぐ〝豆戦士〟として、軍需工場だった大谷重工業の圧延《あつえん》関係の仕上げ工になった。

戦後は〝豆戦士〟で習い覚えた技術を生かし、スパナー一本腰にぶち込んで焼け野原にうち捨てられた赤さびた機械を修理して歩く渡り職人であった。

「しかしなんだな、だんだん世の中落ち着いてきてな、スパナー一本の西部劇みてえな仕事はだめになっちまったよ。二年ぐれえ、そんなことやってたかな。それからずうっと〝旅がらす〟の渡り職人だよ。その間、夏場は多摩川の釣り船屋をやったりしてたよ」

あっけらかんと、自分の生きてきた人生を〝旅がらす〟といってのける原田さんの顔は、底抜けに明るかった。〝旅がらす〟さんは、兄が三菱の下請けの自動車会社のそのまた下請け、つまり三菱の孫子請け工場をやっていたので、そこで三年ほど働いた。

昭和二十五年ごろの、世はちょうど〝朝鮮特需《とくじゅ》〟のばか景気で、ようやく日本経済も復興のきざしを見せていた。しかし、この復興は本来のものではなかった。米ソの〝冷たい戦争〟の谷間で起きた朝鮮戦争による狂乱景気にすぎなかった。戦争は朝鮮半島で勃発《ぼっぱつ》したが、玄界灘《げんかいなだ》で空中戦が行われ、九州の米軍芦屋基地では空襲警報が発令され、基地の街・佐世保《させぼ》や横須賀では、硝煙《しょうえん》たなびく死線をさまよい歩いてきた米兵が、連日連夜、酒池肉林、狂乱のかぎりをつくしていた。

だが、朝鮮戦争は日本の経済復興（？）に力をかしただけではなかった。海上保安庁の元山《げんざん》、仁川《じんせん》港の掃海《そうかい》作戦、戦争で乗る船を失った船員たちのＬＳＴ乗船、[注6]日本航空の操縦技術の基礎になった〝私設空軍〟の仁川着陸作戦、国鉄関釜《かんぷ》連絡船での米兵輸送など、日本は〝かげ〟の部分で朝鮮戦争に組み込まれ、戦後の日本の進路が完全に決定されていった。だが、そんな特需景気はまた〝腕と度胸〟さえあれば、誰でも工場を持ち、独立することを可能にした。

原田さんも、四人の仲間たちと独立して工場を持った。だが、雨後のタケノコのように乱立した町工場は、〝他国の戦争〟のおかげで息を吹きかえした経済だけに、その基盤はきわめて弱く、朝鮮動乱《どうらん》終結を境にしてバタバタとつぶれていった。原田さんたちの工場も例外ではなかった。

しかし原田さんは、持って生まれた楽天的な生活感覚で逆境を生き抜き、勤めていた会社の不払い賃金のカタに工場を引き受けて再起をはかった。が、その工場も四十八年からの石油ショックと不況で解散、現在は元の〝渡り職人〟にもどり、電子レンジの下請け工場に勤めている。

「これで六社目だぜ！」

原田さんは、自分の生活の変化に、いささかの気もとめない、根っからの職人気質である。三十数年後の〝現在〟の姿は、萩中国民学校を卒業した時の〝豆戦士〟のままであった。

「いやな、今年の祭りは盛大だったぜ。俺がいなくっちゃ町内がまとまんねえからな」

町内会の〝役〟をしている原田さんは、下町の〝庶民〟であることに誇りを持っている。

「今昔会の連中は、みんな元気にやってるぜ。偉くなんなくたってな、ばかいって陽気に暮らせりゃあ、これにこしたことねえやな」

といいながら立ち上がって、仏壇の下からガリ版刷りの今昔会の名簿をとりだしてきて、二、三人の〝現在〟を語ってくれた。名簿の職業欄を見ているうちに、あることに気がついた。それは四十四人の同級生で、現在消息がわかっている人たちの職業が、おおよそ次の三つに分類できることだった。

①原田さんのような職人、工員の人。②大きな会社に勤める人。③個人営業の人

「俺も職人だぜ!」

「私は京浜急行の社員だよ」

「不景気でしゃあねな!」

それぞれのグループから、こんな声が聞こえてくるようである。

原田さんの家を辞した私は、いちばん数の多い①のグループの人たちを訪ねて〝私的な昭和史〟を聞くことにした。

まず「羽田鈴木町」に住んでいた《鳥越四良》さんを神奈川県川崎市に訪ねた。あらかじめ地図で場所を確認しておいたが、捜しあてるまでに小一時間を要した。川崎—立川間

を走る[注7]南武線《なんぶせん》の鹿島田《かしまだ》駅に降りた。市街地にしては、あまりにも入りくんだ地形の路地、路地。コンクリートの壁にベタベタと貼《は》られた「関西ストリップの女王　生板《なまいた》合戦」「㊙高校生残酷レズショー」などの黄ばんだポスター、「本日開店　サービスタイム六時〜九時」のキャバレーの立て看板が、乱雑に街の風景にとけ込んでいる。そんな街を両断するかのように品鶴線《ひんかくせん》という貨物列車の線路が集結した操車場がある。

鳥越さんの〝家兼工場〟は、住宅街と工場が混在する街の突き当たりにあった。

工場とは、二本のブロック製門柱をくぐり抜けたところの、およそ二十畳ほどの土間のことであった。家の前にシートがかけられたライトバンが一台、これが「鳥越製作所」の輸送車であると同時に、社長兼従業員である鳥越さんの〝足〟でもあった。

工場の一角には、砂の山が積み上げられ、右手壁面下の土間には鋳型《いがた》の砂細工がじかに行儀よく並んでいた。真ん中に対流型の石油ストーブ、左手ドアの奥には住宅の一部となっている居間、職住一致のいわゆる〝家内工場〟である。従業員は、今は一人もいない。時おり奥さんが手伝うだけである。

訪れた私に、

「今日の仕事は一応片づけたので、一杯晩酌をやっていたところだよ」

鳥越さんは、ジャンパーをひっかけ、木綿の作業ズボン姿で飄々《ひょうひょう》と土間、いや工場に現れた。眼鏡の奥の眼は細く、人なつこかった。

「やっと、いっぱしの鋳物屋《いものや》になって、自分の住むところと工場を構えられたのは五年前ですよ」

萩中国民学校を出た鳥越さんは、空港と羽田の町の間にある運河、海老取川《えびとりがわ》の淵《ふち》にあった鋳工所に、みんなと同じように〝産業戦士〟として入所した。

「鋳物屋で、戦車のキャタピラーや軍艦のスクリューを造っていましたよ。当時の月給は、昼食を工場で食って十八円でしたっけ。でもそのころ、モグリのアルバイトがありまして、よく会社を休んで行きました。朝の七時半から夜の十時ごろまで稼ぎまくったもんですよ。最高のやつは、当時一か月に千円もとっていた」

そんなことで、「おまえは会社を休みすぎる」と上司から文句をいわれ、転職しようかと思っていた時に、海軍に出征していた兄が戦死してしまった。昭和十九年夏であった。

「葬式をだしたその足で〝兄貴の仇討ちだ〟って海兵団に志願したんです」

温和でとても鋳物屋というイメージではなく、背広を着ればホワイトカラー然となりそうな、ハンサムな中年の鳥越さんの顔は、時が流れたとはいえ、兄の戦死に忘れることのできない怒りが浮かんだ。

二十年二月、横須賀の第二海兵団に入隊して三か月間訓練を受けて〝海軍機関一等兵〟。

要するに船の機関の釜《かま》たきであった。

「配属されたのは、海軍砲術《ほうじゅつ》学校だったんですが、使役《しえき》専門でね。学校の食堂、炊事場の飯炊き釜の掃除専門で、とうとう本物の機関の釜は炊かずじまいでしたよ。〝仇討ち〟どころの話じゃありませんでした」

宿敵打倒の意気に燃えたが――終戦。八月二十八日に帰宅した。が、実家は軍需工場だった明電舎《めいでんしゃ》の前にあったため空襲の目標にされるというので強制疎開させられ、下丸子（大田区）に引っ越していた。

戦後の鳥越さんは、焦土と化した京浜工業地帯の町工場を鋳物工として転々とした。五年前、〝産業戦士〟として社会にでてから三分の一世紀ぶりに、やっと名実ともに〝鋳物屋のおやじ〟となった。

「羽田に帰ってきましたら家はないし、あたりは空襲で焼け野原さ。働くところもなくってな。しかたなしに羽田空港の基地に進駐していた米軍の労務者をやっていましたよ。それからが大変さ」

と話す〝鋳物屋のおやじ〟の流動はすさまじかった。

「だいたい、鋳物屋の仕事は出来高払いの生《き》っ粋《すい》の職人業ですから、一個でもオシャカが出たら稼ぎが減っちまう厳しい仕事なんです。だから、早くオシャカを出さない熟練工になりたかったんですワ」

進駐軍基地の労務者をやめて、二十三年秋まで、大井町にあった鋳物屋にもどり、アルミニウム製のジープのオモチャを日がな一日中造り、焼け跡にバラックが建ち並んでくると、泥棒よけの砲金《ほうきん》の錠前造り……と時流《じりゅう》（？）に乗り、さらに「合金《ごうきん》だけが鋳物屋じゃない」と〝ズリ屋〟と呼ばれる鉄鋳物屋に移った。そのころには、いっぱしの熟練工で、今でいう〝スカウト〟されて、大井の工場、目黒の製作所と転々とし、朝鮮戦争景気に乗って稼ぎまくった。

その後、二か所の鋳物屋を回り、合金鋳造の技術を習った。戦後、鋳物屋にもどって十二年ぶりに下請けの自営の鋳物屋として独立した。しかし、独立したての鳥越さんの生活は、けっして楽ではなかった。

「蒲田の二食付きの下宿から通勤していたよ。独立したっていったところで、町工場の下請けで、当初は、鋳物工場の釜に煙が立っても炊事のカマドの煙は立てられないといった、どん底の生活だったんです」

そんな鳥越さんは、晩婚（三十八年五月）である。

「鋳物屋として一本立ちができるまで結婚はしないという意地のような気持ちがあったからなんです」

というが、独立独歩できるようになるまでは結婚してはならないという、この職人の世界のしきたりのようなものがあったようだ。

「独立して三年目ごろからお客とじかに接して仕事の注文を直接もらったりしましたが、次第に手不足になりまして、一時は二、三人の職人さんを臨時雇いしながら手広くやりました。まあ、経営者になると、こういう町工場では、三時におやつとお茶を出し、帰りには酒を一本つけるのが常識でね。それに、日当もはずまなくっちゃ来てくれませんから……。さらに十一月になると、フイゴ祭りなんてのがありましてね。祝儀《しゅうぎ》も出さなくっちゃなりませんから」

鳥越さんもいろいろな工場を転々として、銅、鉄、合金、アルミと一通りの鋳造技術を勉強して回った。そのころの同業の先輩や材料屋さんに助けてもらったからこそ、独立できたのだという。この世界は何年たっても、そんなしきたりが生きている〝同族意識〟が強い世界なのかもしれない。

「今昔会の幹事の田中君が『池田大作が成功しているぞ』なんていってきても、私の世界とは比較できませんよ……。池田君の世界では、同じ信仰をする者だけの大きな同族意識で集まっているんでしょうが、私たちの場合は、鋳物屋職人だけでなく、機械会社も材料屋も、とにかく〝一つの物〟をみんなで生産する仕事を中心に、喜びも悲しみも一緒に体験する相互扶助《ふじょ》の社会なんです。小さくとも、それなりに張りあいのある、心温かな、人情味豊かな深いつながりがあるんです」

鳥越さんは、今昔会から通知をもらっても、土曜日曜もなく、いまでも昔流の〝月月火水木金金〟でやっている。だから、まだ一度も今昔会に出席したことはない。

「あんなに出世した池田君だって出席していないんでしょう。しかしね、人間の運命なんてわかりませんね。とにかく、私はこの土間を毎日、地べたをはいずり回りながら、この腕一本で切り回しているんです。それだけのことですよ」

自分の〝現在〟と、同級生池田大作氏の〝現在〟を比較して感慨《かんがい》深げであった。

産業戦士

太陽が照りつける真夏に始まった作業であったが、もう秋風が身にしみる季節になってしまっていた。私は、羽田に住んでいた《鈴木三郎》さんを横浜の瀬谷《せや》に訪ねた。

「風邪を追い出すため一風呂《ふろ》浴びたもので……。冷え込みますな」と、鈴木さんは相模《さがみ》鉄道の瀬谷駅前にただ一軒あるスナック「A」に現れた。すでに夜の九時を回っていた。

鈴木さんは開口一番、

「池田とは、よく相撲をとったなあ。クラス四十四人の中で六人ぐらい強いのがいてね、池田と私と、あと四人、校内の相撲選手権大会に出場して優勝したんです。担任の岡辺先生は柔道の黒帯だったんだが、相撲も滅法《めつぽう》好きでな、英語の先生らしからぬ雰囲気《ふんいき》がありました。優勝すると、先生はごきげんでね、近くのそば屋から出前をとって〝お祝いそばパーティー〟をやってくれましてね、あのときのそばのうまかったことといったら、いまでも忘れられないな」

池田氏は「よく負けました」と語っていたが、なんの、かなりの力持ちだったようだ。また氏の新聞少年のころのことも、鈴木さんは知っていた。

「池田と私と、それに《吉沢昭二郎》の三人で新聞配達をやっていたんです。吉沢が三年ぐらいで、池田が二年ぐらいじゃなかったかな。池田は学校の始業時間に間に合わせるのに大変だったらしいよ。その理由は、新聞配達で時間がかかるんじゃなくってな、家では子どもが多くて勉強ができないので、近くのお墓で予習や復習をやっていたって聞いていますよ、偉いやつでした。でも池田には、なにかずばぬけてできる科目とか特技はなかったな。たとえば、ソロバンがうまかった《正木雪男》、頭のよかった《植頭義一》、野球がピカ一の《浦野二三男》なんてことはなかったよ」

その、ずばぬけてソロバンができた《正木雪男》さんも、頭のよかった《植頭義一》さんも、野球がピカ一だった《浦野二三男》さんも、現在はまったく消息不明のままである。

鈴木さんによれば、池田氏の少年時代は、成績は中ぐらい、礼儀正しい几帳面《きちようめん》な、まじめ人間の部類に入る少年で、クラスではあまり目だたない存在であったらしい。

「サブちゃん、知ってます。元気ですか、会ってみたいな。彼は大変相撲が強くって、私などコロコロ負けました」

池田大作氏は、サブちゃんこと、鈴木三郎さんの話をすると、「私は頭はだめですよ」と謙遜《けんそん》しながら、

「あのころは〝頭脳よりも体力〟の議論が強かったことは否めません。ですから体操とか鉄棒とかの運動を盛んにやるわけです。よく学校が終わったあと、全校生で行進することがあるんですが、ずいぶん厳しくやられましたよ。

伊東正彦君が級長でした。それから田中君とか、松原又右衛門君なんかが優秀なほうでした。そのままずっと中学へ行ったり大学へ行っていれば、大変な人物だったでしょうね。そういう素材の人がたくさんいました。岡辺先生が偉かったのか、また岡辺先生のところにそういう人が集まったのか、われわれみんな誇りにしていました。

当時、兄二人が兵隊に行っていまして、三番目も行ったか行くというくらいでしたか……。四番目は今いますが、あまりうちの手伝いはしませんでしたね。ですから、私が一生懸命海苔の製造を手伝ったものです。朝早いんです。四時ごろから寒いところをポンプで水をくんだり、海苔を切ったり、無理しました。親孝行といえば親孝行ですけれども、私も責任を感じてたんです。

それが終わってから新聞配達をやりましてね。そういう重複があったもので、学校に通

うのが大変だったことを記憶しています」

当時、墓場で勉強をしていた……というエピソードについては、

「萩中国民学校の前のほうに墓場があったんです。多摩川寄りのほうです。もう焼けてしまってないんじゃないですか。

それは、幻かなにかが映ったんじゃないでしょうか。そんな殊勝《しゅしょう》な考えは持っていませんでしたよ」

と言葉少なかった。

池田氏が少年時代に勉強したといわれる多摩川べりの墓地

鈴木さんは、卒業すると同時に南武線鹿島田駅近くにあった東芝の子会社「特殊合金」に〝産業戦士〟として入社した。しかし羽田の実家は、四月の空襲で焼けてしまい、特殊合金も終戦の前日に空襲で破壊されてしまった。終戦時の鈴木さんは、家も会社も失ってしまった〝風来坊《ふうらいぼう》〟であった。
「おやじは、私が七つの時に死んじまって、焼け

出された母と長男、それに姉夫婦と一緒に焼け残った近所の下駄《げた》屋さんに同居させてもらっていましたよ。まあ、あのころは日本中みんな似たようなどん底生活で、苦しいのはわが家だけではなかったんですが、それでも〝若さ〟があったから、焼け跡の中の借家住まいをしていても、生きがいだけは失いませんでしたよ」

父を亡くした鈴木さんは、次兄も南シナ海で戦死させたうえに、母や長兄は病気がちという不運に見舞われた。だから鈴木さんは三男でありながら、一家の〝柱〟にならなければならなかった。

「さっそく、食糧確保のためにかつぎ屋をやりましたよ。なんといっても米が一番でした。そんなことをしているうちに、二十九年になっちまったんです。それで田中運送って会社に入ったんだが、ま、かつぎ屋と似たりよったりの仕事しかさせてくれなかったよ」

現在、その田中運送は「サン・エキスプレス」と社名をハイカラにして存続しているが、鈴木さんは、そこの一番の〝古参兵《こさんへい》〟である。

「立場は？」と聞くと、

「営業課長クラスで、特別に名刺に肩書などつけていませんけど……。人生、慌《あわ》てることはないですよ。今は一家四人、水入らずの安定した暮らしをしていますわ」

そういい終わると、スナック「A」の前においてあった黒塗りの車に乗り込み、「みんなによろしくな」といい残して走り去っていった。

私は闇《やみ》の中へ消えていった鈴木さんの車を見送ったあと、駅前の赤提灯が揺れるおでん屋ののれんをくぐっていた。店内には五人ほど、いま別れたばかりの鈴木さんと年格好《としかっこう》の似た男たちが大声でわめいていた。イスに掛けるとドッと疲労感が襲ってきて、全身にひろがっていく。コップ酒をあおっているうちに私は不思議なことに気づいていた。

今まで私は池田氏の数人の同級生に会った。だが、彼らの目には、池田氏は〝世俗《せぞく》のチャンピオン〟〝出世頭〟としてか映っていないことである。氏の目ざしている世界平和への活動も、あの大石寺《たいせきじ》・正本堂《しょうほんどう》の大伽藍《がらん》も、この人たちには無縁なアクションとしてしか映っていないのである。

しかし、それは無理からぬことかもしれない。彼らは、いつでも池田氏とは「俺、お前」で呼びあう親しい仲だった。飾ることを知らぬ素っ裸の少年の生活と交わりだけだった。加えて三十数年の空白――。

たとえ一千万人会員の先頭に立つ〝偉大な宗教者〟であり、その理念や業績や影響力が国際的スケールで評価されている人物であっても、彼らにとっては、今なお「同級生としての池田」なのである。クラスメートという名の旧友が、誰の場合でもそうであるように……。

羽田空港

巨大なジャンボ機が爆音を残して飛びかう東京国際空港に、終戦とともに強制退去命令で文字通り〝消された町〟があった。羽田鈴木町、穴守町、江戸見《えどみ》町の三町である。

私は、その羽田鈴木町に住んでいた《村石昭》さんを訪ねようと、鶴見（横浜市）の自宅に電話を入れた。最初は「今日は夜勤で七時半に会社に入らなければならないので夜はだめなんです」と断わられたが、思い直したように村石さんは「会社に出る前に新橋駅で会って一時間ほどならお話ししましょう。私は背が低く、霜降《しもふ》りの背広を着て手に新聞紙を持っています。新橋駅西口の改札を出たところで……」と取材に応じてくれた。

五時半――。ちょうど帰宅を急ぐサラリーマンやOLが改札口に殺到し、〝虚栄の街・銀座〟の夜に出撃する一団とそこここで正面衝突をくり返していた。村石さんは、その流れから身を隠すように、改札口のそばで新聞を読みながら、ひっそりと立っていた。

東京ガス豊洲《とよす》工場の低圧精製《ていあつせいせい》の現場班長をしている村石さんは、「私は、四直三交代勤務の現場の一枚の歯車の〝歯の一つ〟なんです」と前置きして、自らの〝昭和史〟を話しだした。

村石さんは、他の人たちと同じように〝産業戦士〟として工場の現場に出た。

「ほんとうは、群馬県太田の中島飛行機[注8]に入りたかったんですが、家庭の事情があって実家から通勤できる大森の、やはり航空機の計器類を製造していた田中航空計器に入ったんです。飛行機の加速度計、油圧計《ゆあつけい》とか成層圏《せいそうけん》用の酸素呼吸器などの開発研究をしていた研究所の助手みたいなもので、試作品づくりの手伝いをやっていたんです。日給七十五銭でしたよ」

だが、村石さんの勤めていた工場もB29の空襲を受けて焼けてしまい、山梨県の甲府市の郊外の甲斐住吉《かいすみよし》というところに移動して、そこで終戦を迎えた。

「終戦の時は、なにがなんだか、頭がぼうっとしてました。工場も閉鎖され、しかたなしに三年間で貯めたお金に退職金など二千二、三百円もらって焼け野原の羽田に帰ってきたんです。実家は運よく焼けないで残っていました」

しかし、村石さんの家は私の生家と同様に現在の東京国際空港内にあった(現在、東急ホテル前のガソリンタンクのある場所)ため、昭和二十年九月二十一日に強制退去させられた。

家屋立退証明書

住所　東京都蒲田区羽田鈴木町九五四

氏名

外　名

右者昭和二十年九月二十一日緊急命令ニ依リ立退ヲナシタルモノデアルコトヲ証明ス

昭和二十年九月二十一日

東京都蒲田区区長　増田武雄　㊞

と書かれた一枚の紙切れで、生まれ育った地を追いたてられたのである。この時、強制退去させられた住民は、「羽田郷土史」によれば、

「九月二十一日にはアメリカ軍が進駐し、四十八時間の期限つきで全部が立ちのきを命ぜられました。この時に、穴守町五百五十四世帯、鈴木町六百七十七世帯（人口二千八百九十四人、家屋三百二十戸、うち戦災バラック百二十戸）計千二百三十一世帯の人々が大急ぎで家財をとりまとめ、家をこわして羽田方面の親類や田舎の知人をたよってこの地を引きはらいました」

追いたてられたのは村石さん一家のほか、「一葉の写真」に写る四十四人のうち、羽田

鈴木町に住んでいた《酒井和夫》さん、鋳物屋のおやじさんの《鳥越四良》さん、《伊東正彦》さん、《源川正》さん、それに「一葉の写真」を撮影した「メリー写真館」などであった。

当時の羽田空港は、長さ八百メートル、幅八十メートルの二本の滑走路があり、霞ケ浦《かすみがうら》海軍航空隊の分遣隊の東京海軍航空隊、高射砲基地、日本航空の前身の日本航空輸送会社、新聞社の飛行機などが主に使用していた。

また、近くには日本特殊鋼や明電舎などの軍需工場が建ち並んでいた。現在、空港のエアターミナルビルの前の駐車場のところにある赤鳥居は、穴守稲荷神社（前出）の入り口で、この周辺、つまり現在のエアターミナルのあたりには花柳界があり、多い時には二百五十人もの芸者がいたといわれている。なお、その花柳界が疎開した先が、鋳物屋のおやじの鳥越さんやパチンコ屋の《内田友夫》さんたちがよく冷やかして歩いたといわれる青線地帯の武蔵新田（大田区）の〝新地《しんち》〟なのである。

村石さんたちを含めた千二百三十一世帯が追い払われた跡には、米軍の八〇八飛行場建設部隊がバラックを建て、おびただしいトラック、ブルドーザー、ジープ等の機械を持って進駐してきた。そして政府や間組、大林組などの建設業者が終戦によって失業した日本人労働者を使って不要の建物をとり壊し、飛行機を池や沼へ埋めた。その跡へ多摩川を掘った土砂水をパイプで送って沈澱堆積《ちんでんたいせき》させ、そのまた上へ多摩川上流からトラックで運んできた土や、穴守稲荷神社の築山《つきやま》をこわして持ってきた土をのせてブルドーザーで固め、さらにコンクリートや鉄板で滑走路や誘導路《ゆうどうろ》をつくり、昼夜兼行でまたたく間に大型機が発着できる飛行場を建設してしまった。この飛行場は日本の空の玄関として、当然のことのように米軍が使用した。

このようにして急造された飛行場は、終戦から七年目、朝鮮戦争が停戦してからの日米講和条約発効で日本に返還されたものの、管制権は依然として米軍が握っていた。なお、初代の空港長は朝鮮戦争当時、日本の航空人を集めて組織された〝私設空軍〟の隊長、中尾純利氏（故人）で、朝鮮戦争当時は朝鮮半島の仁川に着陸したこともあるパイロットであった。

現在の東京国際空港は、到着出発機合わせると一日四百五十機ものジェット機が飛びかい、若者たちが年間二百四十六万人もグアムやハワイやパリと海外旅行に出かけているが、空港の歴史が、そこに生活していた人たちの汗と涙の積み重ねであることを知るものは意外に少ない。

飛行場のある地は、多摩川から東京湾に流れだす土砂でつくられた〝洲《す》〟であった。その地に江戸時代の文化年間（一八一五年）に大森や羽田周辺の人たちが開拓に入り、新田を築きあげた。しかし元来、東京湾の浅瀬の波打ちぎわにできた砂浜であったため農耕には向かず、それにたび重なる暴風雨や津波の洗礼を受けて新田は海水に洗われ、元の砂浜にもどっていた。あのライト兄弟が飛行機を発明した明治三十六年（一九〇三年）ごろの羽田は、海水浴客や穴守稲荷神社の参拝客や行楽客でにぎわっていたのである。まさか、この地に飛行場ができるとは思いもよらなかったであろう。もちろん、日本で初めて飛行機が飛んだ明治四十三年（一九一〇年）も、離着陸は羽田ではなく渋谷の代々木練兵場のあった場所であった。

そんな羽田に飛行機時代到来の機運が高まり、第一次世界大戦、シベリア出兵などで軍閥も飛行機に興味をしめしだし、いち早く民間の日本飛行機学校が穴守稲荷神社の近くに設けられ、波打ちぎわの砂浜を滑走路にして練習していた。

彼ら四十四人の生まれてまもない昭和四年には、航空機の必要性を重視した逓信省《ていしんしょう》が埋め立て地を買収して飛行場を建設し、羽田を起点に、福岡、大阪、広島などへの定期航空路を開設した。また、定期航空路は国内だけではなく、大陸への〝空の足〟として大連《だいれん》（現在の旅大《りょだい》）や京城《けいじょう》（現在のソウル）、蔚山《うるさん》（韓国の慶尚南道《けいしゅうなんどう》にある市）などへ週六便から十二便も往復させていた。しかし、まだ戦時色はそれほど濃くはなく、運動場や海水浴場、それに競馬場などのレジャー基地でもあった。とくに水上飛行機による大東京一周の遊覧飛行は、付近の住民や行楽客たちの人気の的であった。

だが、上海事変、日中戦争などの暗雲がたれこめだした昭和十年代になると、運動場や競馬場などは逓信省に買収されたのをはじめ、一部の民家も強制疎開させられた。空港は拡幅され、レジャー基地であった羽田は次第に軍事色を強めていった。まさに羽田は、戦争と歩を同じくして拡大されていったのである。いってみれば、現在の東京国際空港は、江戸時代からのたび重なる洪水や津波と戦った人たちの汗、強制退去させられた人たちの涙、そして漁場を埋め立てられて職場を失った人たちの怒りの歴史の上に存在しているといっても過言ではない。

村石さんの戦後は、四十四人の中では比較的恵まれていたほうである。他の人たちが焦土と化した街に職を捜し求めてさまよっていた二十三年ごろには、すでに東京ガスの鶴見工場に就職がきまっていたからである。

だが、他のおおかたの人たちと同じように、村石さんも兄二人を戦争で失い、すぐ上の兄はシベリアに抑留《よくりゅう》されていた。

「終戦で家に帰った時には、田中航空計器でもらってきた二千円ちょっとの金があったが、インフレ闇《やみ》値時代にはいっちまって、アッという間になくなっちまったよ。まあ、おやじが昔からトビ職の手伝いみたいな建築の仕事をしていたので、その手伝いをやっていましたよ。なにしろ、うちは七男一女の大家族でしたからね。四男の私が一家の〝男手〟にならなくてはなりませんでしたから、よくおやじと一緒に代々木のGHQ[注9]の兵舎の建築現場に行ったり、首相官邸の下のほうに新築した昔の議員会館現場に行って働いたりしましたよ。でも、幸いにも東京ガスに入れましたんで助かりました」

それから二十七年間、村石さんは毎日毎日、東京ガスで平穏に仕事を続けてきている。しかし、永年勤続したわりには待遇《たいぐう》その他で恵まれているとはいえないらしい。

「現在のような大卒中心の給与体系の中では、いつも口惜しい思いの連続でしてね。でも、生活を守るために歯を食いしばって『男は一つの仕事を〝これ〟と決めたらトコトンやり通せ』との岡辺先生の教えを忠実に守りとおしているんです。現場では、昔流にいえば〝古参の小隊長〟みたいなところですよ」

この〝古参の小隊長〟は「一葉の写真」の中でただ一人の孫を持つ〝おじいさん〟でもある。

時代の波に洗われた〝空港〟の地・羽田鈴木町に住んでいたのは、《酒井和夫》さん、《伊東正彦》さんらもそうであった。

私はそのうちの一人、酒井和夫さんに会うために電話を入れた。だが、酒井さんは仕事が忙しくて会うことができず、電話で話を聞いた。

「大作君とはよく遊んだよ。俺のおやじはな、今勤めている荏原《えばら》（製作所）と同じぐらいの歴史があるんだよ。大崎時代からの鍛造部《ちゅうぞう》の親方で、自分の腕一本で乗りきってきたんだよ。こっちだって負けちゃいられないんだ。親の七光なんかに甘えていたらみんなからばかにされるだけじゃなく、自分がつぶされるぜ。あの岡辺先生がよく〝男の魂〟という か根性を植え込んでくれたもんな。今でもありがたいと思っているよ。大作君のように偉くなったのと違って、俺なんかガムシャラにおやじがやってきた、昔風にいえばカジ屋だけど、これをやり抜いてどうにか〝酒井班〟を守っているよ。モグラと同じで、われわれは穴倉生活をして頑張《がんば》った。〝撃ちてし止まん〟そのものだよ、これまでの三十三年間がよォ」

俺は自他ともに認めるヤンチャだった——というだけあって、友人ともポカリとやりあった血の気は、大きくなってからも消えなかった。その血の気のなせるわざか、二十九年ごろに川崎にプロボクシングのジムを開いて選手を養成したこともある。

「アマ！　とんでもねえ、プロだよ。子ども？　子どもは二人だ。上の長女は大学を出て塾の先生をやってらあ。下の長男は大学生だ、いい息子だよ。結婚？　二十一の時かな。あとわかんねえところあったら、ほかの同級生に聞いてみなよ。みんな知ってるからさ。じゃあ切るよ」

電話はガチャンと切れた。直截《ちょくせつ》、率直、迅速《じんそく》である。まったくとりつくしまがなく、アッパーがガクッとはいった感じで、ダウンしたのはこっちであった。まさに〝わが町・羽田〟の気質そのままのような人であった。

もう一人、〝空港〟の住人で級長だった伊東正彦さんも、先方のつごうで会うことができなかった。川崎の自宅に何度も電話を入れたが、留守だった。が、夫人は〝羽田のことをよく話す夫〟について、気軽に話してくれた。

「主人は小学校六年生の長女と小三の二男を、休みの日に羽田に連れていって『昔はここでカニやお魚がいっぱいとれたんだよ』と、まるでそこにふるさとがある、といわんばかりに自慢そうに話してやっています。やっぱり懐かしいんですね。ええ、職場でも町内会でもそれはもう、ばかっ正直というんでしょうか、曲がったことが大きらいな、筋の通らない話には目くじらたてかみつく人なんですよ。同級生の人たちは、みんな大なり小なり同じような性格だ、とよく話していますけど、そうなんですかねえ。それは悪い性格じゃないどころか、正しく明るい子に育てるためにも、いちばん良いこととわかっていますから、別に改めてほしいなどとはちっとも考えていません、はい」

健気《けなげ》な夫婦善哉《めおとぜんざい》の意気を感じとった。伊東さんとはその後うまく時間の調整がつかず、結局、電話取材ということになったが、その語り口は、級長だっただけあって折り目正しく、順序もスラスラ、要領よく話してくれた。

「小学校は〝第三〟で、同級生にヤンチャ坊主の酒井がいた。彼は一年の時からいたんじゃなくて荏原の寮ができてから転校してきた。当時は羽田の地元の人で、荏原のような会社に勤めている人はほとんどいなかったし、〝第三〟は昔、分教場といわれていて、男子組は三十人ていどだったのをよく覚えている。ま、勤め人の子どもというので、彼などちょっと優越感もあったので暴れん坊になったのかな？　それにもう一人、源川正も彼と同じように荏原の寮にはいって〝第三〟に上がってきたと思うよ」

〝第三〟とは羽田第三小学校のことで、「羽田郷土史」によれば、大正十三年に羽田鈴木町に、羽田小学校の分校として設立され、昭和二年に独立して羽田第三小学校となった。昭和二十年に全焼したが、鈴木町は接収されたので復興せず、廃校になった。

土地っ子の伊東さんは、生まれ育った地の鈴木町も、学んだ小学校も、そして萩中国民学校も〝時代の波〟の間にかき消されてしまい、故郷を失ってしまっている一人である。

ヤンチャ坊主の酒井さんの話をすると、

「いや、僕は酒井君になぐられたことはなかったな。級長やってたからね。そういうのにはなぐってきたりはしなかった。僕と似たような相手をなぐったりしていたな」

伊東さんは現在、昭和二十八年に入った日立造船所で輸送課の配車計画など車両扱いの専門職をしているが、日立造船に入るまでは、やはり焦土の中を職捜ししてさまよっていた。

卒業と同時に〝三鎮《さんちん》〟[注10]の一つ横須賀の久里浜にあった海軍通信学校の七十四期生（これが最後）の海軍通信兵となった。だが、通信学校を卒業する前に学校が解散になり、米軍の本土上陸にそなえた〝陸戦隊〟として訓練をさせられた。だが間もなく終戦である。

終戦時の横須賀の鎮守府《ちんじゅふ》は、将官、下士官とも偉い人は〝モヌケのから〟になってしまったばかりか、女子電話交換手も全員帰郷してしまったので、伊東さんたち海軍通信兵が代わりに交換手となって、進駐軍の接収など残務整理にあたった。そして九月一日に復員したが、実家は空襲で焼けてしまっていたので、とりあえず母方の里、世田谷の三軒茶屋に落ち着いた。

街には失業者があふれ、就職どころではなかった。三軒茶屋の闇市《やみいち》の魚屋や叔父の家の土建業を手伝ったりしていた。

「僕たちのクラスメートの中で『これが青春だった』と誇らしげに語れる思い出をもっている者はわずかだろうと思いますよ。それに勤め人になりますと、学歴社会だから高小卒では常に給与ベースも谷底に低迷していて、高度成長などとんでもないというものです。鉦《かね》や太鼓の鳴りもの入りで若い〝金の卵〟を追い回し、賃金を上げては物価をあげてきたんです。僕なんか、ほんとうにうらめしいようにさえ思えたもんです。ま、ちょうど〝四十八歳の抵抗〟の歳《とし》ですけど、もうそろそろ『ご用はないよ』とお払い箱になる時期も近づいていますよ。でもね、僕たちの年代の者の中には、こういう話をしてウサを晴らしたり、本気でこんな時代風潮の改革運動を起こせという連中も結構いるんです。ま、そんなところを、池田君なぞどう考えているか、じっくりと聞かせてもらいたいところなんですがねえ」[注11]

生まれながらにして時代の谷間に落ちこんでいった人たちの嘆きであり、あるいはかすかな抵抗なのではないかとも思える。

最後に伊東さんは「一葉の写真」の〝ある効果〟を話してくれた。

「この川崎地区の折伏攻勢は昔から激烈でして、よく音をあげそうになるんです。だから僕は、誘いがくるとサッとあのクラスの写真を見せてね。池田君の顔を当てさせてみたんだ。それにしても、今昔会に出席しておけば楽だと思うな」

〝級長〟としての老婆心がいわせているのかもしれない。

時代の波にかき消された町に住んでいた村石さんも酒井さんも、そして伊東さんも比較的大企業に勤めているが、三人とも現業部門の汗と油にまみれて、腕一本で自分の人生を切り開いてきた。しかし、彼らの上に〝高小卒コンプレックス〟が大きな影を落としていることは否めなかった。

「いまでも、職場の若い連中と酒でも飲んで話しだすと、ついそんなところに落ち着いてしまって……」

とテレ笑いするのであった。

予科練

京浜工業地帯の大動脈、産業道路を空港に入る環状八号線沿いに《渡辺一》さんの会社、立正興業はあった。訪ねた私に、

「仕事で頭がいっぱいで、旧友の話なんかしているひまがないんだよ。それより、この最悪の不況じゃどうしようもないよ、苦しいな。週に三日も休まなくっちゃならんのだから。それに都の命令で、この工場も埋め立て地の昭和島に移転しなくっちゃならんしな。まあ、おかげさまでそのメドはつきましたがね」

常務取締役としての渡辺さんは淡々と語る。

「この会社は、鍛造《たんぞう》の仕事をやっているんだ。三菱や国鉄の下請けで、従業員は三十六人だよ」

会社の説明する渡辺さんは四十四人中、唯一の憧《あこが》れの〝七つボタン〟予科練《よかれん》であった。

「卒業してすぐ荏原（製作所）の隣にあった大谷重工の圧延工に半強制的にさせられたんですが、どうせお国のために貢ぐんだったら兵隊だと思いまして、十九年に予科練に志願したんです。三重の海軍航空隊で試験を受けまして、そのまま入隊したんです。そのころの予科練はなんといっても若い人の憧れの的でしたから〝七つボタン〟で歩いていますと、みんなが振り返ったもんです。

　しかしね、訓練中に終戦になっちまって、はなばなしくは散れませんでしたよ。でも、戦争が二十年いっぱい続いていたら、私ら、ウラジオストックあたりに特攻かけさせられていたんじゃないかな。終戦の時は北海道の美幌《びぼろ》にいたんですから」

　渡辺さんの戦後は、予科練で鍛えあげられた軍隊の体験でささえられていた。

「北海道からは、九月二十五日の最後の［注12］青函《せいかん》連絡船でもどりました。敗戦のショックなんか感じてセンチになっているひまなんか、われわれの世代にはなかったんですよ。なにがなんだかわからなかったんです。ただガムシャラに生きなくっちゃいけないから」

　焼け野原の焦土に立った渡辺さんは、日雇い労務者、馬力《ばりき》、トラック運転手と飯を食うためになんでもやった。

「そのうち、世の中も安定してきまして、ある運送会社に入って責任者の地位までいったんですが、なんだかものたりなくって、三十五年にこの会社に入ったんです。今の若い人たちには通じないかもしれないが、軍備とか軍国主義とかの問題を抜きにして〝軍隊生活〟は自分を鍛えられる唯一の場所です。今の若い人は責任感がないだけではなく、自分の権利ばっかり主張して……。時間がくると仕事がはんぱでもパッとやめちまいますからなあ」

渡辺さんが生きてきた道と照らし合わせ、若い人に対してちょっぴり不満をもらす。しかし、

「通じませんね、軍隊の話なんかは」といって笑ってもいた。その笑顔には〝力〟がなかった。当時の若者の憧《あこが》れであった〝七つボタン〟を理解してくれない今の若者に、渡辺さんはいささか寂しげであった。

私は思わず、「若い血潮《ちしお》の予科練の　七つボタンは桜に錨」と、あの予科練の歌を歌ってあげたい気持ちになった。私は渡辺さんの会社を静かに辞した。いつしか晩秋の町に冷雨が降りだしていた。アスファルトに一滴たらされた油が虹のように輪を描いてひろがっていた。

突然、唸《うな》りをあげて突進してきたトレーラーの車輪に虹はかき消された。道路わきの工場からは、耳をつんざくような金属音が絶えまなく鳴り響いていた。

私はその足で、日の暮れかけた横浜の金沢文庫に、糀谷の土地っ子《松原常治》さんを

訪ねた。みんなからツネさんと呼ばれている松原さんの戦中戦後は、一貫して機械畑を歩き続けていた。

「学校を出てからすぐ《福田稔》と一緒に富士航空へ行きました。福田は寮に入っていましたが、私は自分の家から通っていました。でも、あの空襲で焼け出されちゃいまして、池上（大田区）のほうの親類の家に疎開していたんですが、そこも焼けちゃいまして……。しかたなく、世田谷の次兄の家に居候《いそうろう》しながら工場へ行っていたんです。その時、終戦でした。いよいよ死ぬ時がきたな、って思いましたね。アメリカがやってくると〝鬼《き》畜《ちく》〟だから男は皆殺しだ、なんて、デマを信じていましたから。でも気持ちはしっかりしていました。負けたら仕方がない、じゃあ死のう、ってやつでした。ところが、占領軍は何もしないってわかったので安心しました。しかし安心したのも束の間で、すぐ食べる苦労が始まりました」

ツネさんも、他の級友たちと同じような戦後を迎えたのであった。その後は、終戦の翌年の一月まで富士航空の残務整理にたずさわっていた。

「沖電気とか東芝とか、手あたり次第にツテをたよって『雇ってくれ！』と頼んでまわったんですが、むだでした。あのころは失業者が多くて、私の次兄も失業中でした。だから、二人で庭先に畑を造りまして、サツマイモやトウモロコシなんか植えまして食糧を確保していたんです。あの〝農林一号〟ってやつが結構いけましてね。でも、ガスばっかりたまっちまって……。闇市で露天商《ろてんしょう》まがいのこともやりました。とにかく食わなくちゃなりませんから」

代用食の調達に明け暮れしていた松原さんも、ようやくある機械製作所に就職した。が、二、三年たって動乱特需で世の中がわいてきたので、次兄と一緒に工場を始めた。しかしひとさまのように〝特需成り金〟にはなりきれず、ブームの終焉《しゅうえん》とともに倒産、もとの機械工にもどって工場に勤めたが、そこもあえなく倒産。

「なぜか私が勤めると、だいたい二年ぐらいで倒産するんですな。〝倒産の名人〟でしたよ。でも、二十七年に次兄と設立した松原製作所は現在もあります。カメラとか顕微鏡《けんびきょう》などの光学機械の下請けですがね。しかし、この不況では、十人くらいの小工場ながらやりくりは苦しいですよ」

でも、修羅場《しゅらば》を歩いてきた松原さんは、生きる自信に満ちていた。松原さんは、池田氏が一度だけ出席した同窓会のことをよく覚えていた。

「戦後ね、ともかく会おうよ、ってことで、私の家に六人ぐらい集まったんです。酒なんかないからバクダン[注13]に梅割り、それにサッカリン[注14]で煮たサツマイモにグリンピース……。そんなものをみんなで持ち寄ってやったんです。その時、来る予定のやつがなかなか来なくって、池田がひょっこり来たんです。なにをやったか記憶にないが、けっこう楽しんで帰りましたよ」

その後、松原さんは国電の神田駅のホームで池田氏に会っている。

「二十六年ごろかな。『イヨッ！　ツネさん』と肩をポンとたたかれたので振り向くと、紺のジャンパー姿に分厚い本をかかえた池田だったんだ。一緒に電車に乗ったら『ツネさん！　勉強してるかい』って……。

しかし今考えてみると、あのころから創価学会の勉強をしてたんでしょうねえ、私にはなにもいいませんでしたが……」

なにか〝向学心《こうがくしん》〟に燃えていた池田氏の姿が目に浮かぶようなエピソードである。紺のジャンパーに分厚い本をかかえ込んでホームにたたずむ氏の姿を思い浮かべながら、秋雨に深く沈む道を金沢文庫駅へと急いだ。

反骨

時代の外に生きることが苦難であった時代に、無意識的ではあるが、持って生まれた気質で〝時代の外〟に飛びだそうとした一人の少年がいた。

羽田本町に住んでいた、現在は個人タクシーの運転手をしている《松原芳男》さんである。

「いやあ、まいったな。明日も五時起きだからねえ、もうからだがまいっちゃうよ」

約束の夜十時に、羽田の自宅近くの和風スナックに現れた松沢さんは、ぐつぐつ煮える寄せ鍋《なべ》に「うめえ！」と舌つづみをうち、のどを鳴らして熱燗《かん》をグイッと飲みほした。「で、何聞きたいの、何でもしゃべってやるよ」と戦中戦後談を始めた。

松沢さんも〝産業戦士〟として世の中に出たが、その足跡は、他の人と少し趣を異にしていた。

「学校出てからな、すぐ鹿島田（川崎）の東芝の工場に行ったんだ。けど、もういやでね、すぐやめちまったよ。当時、青年学校ってのがあってな。昼間、仕事の合間に『エイ、エイ、オー』って竹槍《たけやり》の訓練させるんだ。そういうのがいやでね。俺は人に使われたり、さしずされるのが、とにかくきれえなんだ。だから、やめちまって家でブラブラよ」

〝きらい〟は許されない、半強制的に押しつけられ、個人の自由など認められない全体主義の時代だ。それなのに、松沢さんは〝産業戦士〟を拒否したただ一人の人だった。松沢さんには〝お国のために〟の皇民化教育はききめがなかったのである。

松沢さんの家は、代々多摩川の渡し船の船頭であった。「羽田郷土史」によれば、「羽田には〝羽田の渡し〟と〝大師の渡し〟があって、長い間、羽田と大師（川崎）方面の交通機関の重要な役割を果していました。〔……〕これらの二つの渡しは、昭和十四年に大師橋が架けられたことによって廃止されました」

とある。たぶん、松沢さんの家がやっていた〝渡し〟は、松沢さんの住所から考えてみると〝大師の渡し〟のほうで、別名〝新渡し〟ともいわれていたものであろう。

松沢さんが生まれた昭和初年の渡船者数を資料でみると、一日平均八十人ほど運んでいた。羽田と川崎を結ぶ〝渡し〟は、弘法大師《こうぼうだいし》が開山した〝川崎大師〟、羽田の〝穴守稲荷〟〝弁財天《べんざいてん》〟などを参拝する人々にとっては、江戸時代からの重要な交通路であった。式亭《しきてい》

三馬《さんば》が「諢話《おどけばなし》浮世風呂」前編巻之下「午後《ひるすぎ》の光景《ありさま》」に、

〽きのふ　大師河原へ参《めへ》ったが　ヤ遠いぞ〱　帰《けへ》りに羽田の弁天へ廻って――。

と掛け合いさせているが、大師河原から羽田への渡し船を松沢さんの家でやっていたのである。

やがて、東京と横浜の京浜工業地帯を結ぶ大師橋がかけられ、乗る人のいなくなった〝渡し〟は、当然のことながら廃止させられた。松沢さんが、小学校六年の時である。九人兄弟の上から三番目であった。

「いや、家でブラブラ遊んでいると、戦争中だから警察から何度もお呼びがかかってね。『お前のところのこれこれは、家で何をやってるか？』ってな、うるせえんだ。それで、おやじの金太郎の腹がけから五十円いただいて、着る物を風呂敷に包んで、港神戸に行ったんだ。当時の五十円っていやあ、大きかったぜ、アハハハ……」

豪快に松沢さんは笑うが、今流にいえば〝家出〟である。しかも、当時の金で五十円といえば松沢さんの言葉をかりるまでもなくかなりの金額だ。同級の田中さんの新潟鉄工の時給が十八銭三厘、担任の岡辺先生の月給が五十円前後であったことを考えれば……。それに松沢さんは当時十七歳で、今なら高校二年の少年である。

「神戸には長い時間汽車に乗って、真っ黒な顔で朝着いたな。その足ですぐ波止場に行ったんだ。だいたい、神戸に行ったのは船乗りになるつもりだったからな。波止場にとまっている船の何隻かにあたって『使ってくれ』って頼んだんだよ。でも断られっぱなしでな。泊まるところもないし、よわっちまったよ。旅館には一晩泊まったきりで、あとは公園や寺で野宿《のじく》さ。一週間ぐらいしてからかな、三ノ宮（神戸）駅前に船員の格好している人がいるので頼み込んでみたんだ。そしたら船長だった。忘れもしない十月二日の寒い日だったよ。不思議にその日付と船長の名前を覚えているんだな。岸本多市っていって鹿児島の人だった」

　神戸で岸本船長に拾われた松沢さんは、船頭であった親の血が海へ向けさせたのか、四国の高松にあった海員養成所に紹介され、入所した。六か月の養成期間を終えてから、また岸本さんに引きとられ、四国の竜馬《たつうま》汽船の「竜陽丸《たつようまる》」に念願かなって船員として乗り込んだ。「竜陽丸」は台湾、上海航路の軍属徴用《ぐんぞくちょうよう》貨物船だった。

多摩川にかかる首都高速道路・羽横線や大師橋。
昔、松沢さんの家がここで渡し船をやっていた

一時は〝産業戦士〟になることをかたくなに拒否した松沢さんであったが、軍属船と形こそ違え、間接的には戦時下の体制に組み込まれていった。昭和十八年春、米軍がアッツ島[注15]に上陸を開始したころであった。

松沢さんは、終戦を上海で迎えた。

「船のラジオで玉音放送《ぎょくおん》を聞いたんだ。信じられなかった。負けるわけないと思ってたから、冗談じゃねえ、こんなことがあってたまるもんか、なんてな」

敗戦の日本にもどったのは、九月の終わりだった。

「佐世保って港は遊郭《ゆうかく》の灯がきれいだったったんだけど、それがみんな消えちまっていたんで、はじめて『負けたのか……』って実感がわいたな。

遊郭にはよく行ったよ。船乗りは金なんかなくったって、遊べるんだよ。船に積んである砂糖の袋を竹ベラで突き刺すとこぼれるだろう。そのこぼれたのを袋に入れて持っていけば、当時は金より価値があったから大歓迎で、ぞんぶんに遊ばしてくれたよ。袋の員数だけ合えば、量が少なくってもバレなかったからな」

十七歳の少年の終戦の実感が〝遊郭の紅灯《こうとう》〟が消えたことでわいた……。松沢さんならではないか。私は松沢さんに「今の世の中、くよくよしないで楽しく生活しようではないか」という下町の〝庶民〟の素顔をみたような気がした。

松沢さんの復員には、少々時間がかかった。佐世保には九月に上陸したが、松沢さんが生まれ故郷の羽田にもどったのは翌年の夏であった。

「熊本からすし詰めの汽車に乗ったんだが、博多で降りたり、広島に寄ったりしていたから、おそくなっちまった。羽田に着いた時には、リュックサックの中に赤玉ポートワイン[注16]が十何本も入っていたよ。羽田は焼け野原で、自分の家のあったあたりで人に聞いたら、工場の焼け跡に焼けただれた赤トタンふいてな、十所帯も一緒に生活してたよ。『今、かえったぜ！』って入っていったら、『おまえ、よく生きてたな』ってわけ。赤玉《あかだま》でみんなで乾杯さ」

しかし、それからの松沢さんは、焦土の中を他の同級生たちと同じように職を捜してさまよわなければならなかった。進駐軍の労務者を手はじめに、運転免許をとって横浜港に駐留していた将校の乗用車の運転手もやった。その時、一緒だったのが軍でトラックの運転手をしていた同級生の《佐々木辰夫》さんであった。

昭和三十七年に、佐々木さんと一緒に進駐軍の整理を受け、地元の京浜急行バスの運転手になった。

「でもな、俺はよく働いたぜ。進駐軍の仕事をしながらもな、ベースで皿《さら》洗いをやってたし、バスの運転手をしていた時も、朝五時の早番に乗ると昼はあがれる。それから姉の旦《だん》那《な》が中国人でな、中華料理やっていたんだ。その旦那に『中華料理、たくさんたくさんもうかるよ』といわれてその気になっちまって、『楽天』って中華料理屋はじめたんだ。今は弟にまかせているけど」「楽天」とは、松沢さんにぴったりの屋号ではないか。現在は、人に使われるのはまっぴらごめん、と京浜急行をやめて個人タクシーの運転手をしている。

酔いが回ってきた。笑っているが松沢さんの目つきが次第に鋭くなった。昔の〝板子一枚下は地獄〟の生活をしていた荒々しい漁師町の伝統を受けついだ人の顔を見たように思った。

だが、少年時代の話になると、とたんにもとの童顔にもどる。

「勉強ぎらいで、よく立たされたよ。覚えているのは、教室の後ろの戸口から逃げ出して遊びにいこうとしたら先生に見つかっちゃって、こっぴどくおこられた時だな。俺はな、大陸へ行って死んじまった藤井と仲がよかったんだ。あいつが志願した時は、俺も一緒に出したんだ、願書を……。でも直前に引っこめたんだよ。どこでも働くところはあるし、何もあんなところまで行くことはない、って気になったんだ。あいつはかわいそうなことをしたよ。今でも顔を思い出すよ」

楽天的な松沢さんではあるが、〝鍬の戦士〟、幼なじみの藤井さんの死には強いショックを受けたようだ。松沢さんは、池田氏についてもよく覚えていた。

「大作ともよく遊んだよ。よく覚えているのは、岡辺先生が池田に向かって『お前は大物になる』っていっていたことだな。俺なんかとおんなじ遊びをやってたのに、先生からみると、大作にだけ将来を予測させる何かがあったんだな、きっと」

岡辺先生に「大物になる」といわれた池田氏は、ほんとうの〝大物〟になってしまった。だが、松沢さんは「少し意見があるんだ。それはな、俺の女房のお袋が〝学会〟だったんだよ。そのお袋が死んだんだ。もう十五年くらい前のことだったけど。その時の葬式が学会員ばかりで、親戚の者や近所の人なんか入りたくても家の中に入れないくらいだった。それに折伏が」といって気色《きしょく》ばんだ。

だが、松沢さんはすぐにいつもの親切な個人タクシーの運転手の顔にもどって、「明日は早いからな、それじゃ……」——冷たくなったお茶を一気に飲みほし、「ママ、今日はばかに色っぽいじゃねえか」と軽口《かるぐち》をたたいて看板まぢかの店を出ていった。

「一葉の写真」に写る彼ら四十四人が生まれ育った蒲田、羽田、糀谷などの城南地区は、隆盛期の創価学会と他宗教との激戦地区で、毎日、激烈な布教活動がくり返されていた。一時、蒲田支部で活躍していた池田氏は、エネルギッシュに折伏の先頭に立っていた。その時に拡大した組織の発展記録は、今もって語りつがれている。

どの宗教でも、隆盛期には〝数量〟への挑戦は当然である。折伏の旗の下に数量の拡大を推し進め、前進していった創価学会においても例外ではなかった。

現在の創価学会では、数年前から平和と文化・教育の運動を推進することをその基本姿勢とし、以前のような折伏の激しさはかげをひそめた。

さらに、創価学会に入会するにも、厳格な手続きを必要とし、その手続きに一か月以上もかかるだけでなく、創価学会員の一名以上の紹介と本人の家族の同意が得られない限り入会することは不可能である。

また、現在の創価学会は量から質への転換を行いつつある。それは、昭和四十五年ごろから開始されていた「言論問題」以後の政教分離《せいきょうぶんり》をきっかけとしており、創価学会も高度成長期から安定成長期に入っているといえる。

池田氏は、かつての激しい布教活動による弊害があったことを決して否定してはいない。「反省もしています」とすら語っていた。きわめて率直な言葉として私はうけとった。学会の幹部の発言の中にもそのことがうかがえる。この反省が量から〝質への転換〟というテーゼに対して、今後大きな力になるのではなかろうか。

闇市派

私が今まで訪ね歩いた人たちの〝現在〟は、前出の①のグループの人も②のグループの人も、戦中は〝銃後《じゆうご》の守り〟と〝滅私奉公《めつしぼうこう》〟の精神で、お国のためにつくしてきた。また戦後は戦後で、いつも戦争の尾を引きずりながら、どの工場でも最前線で〝戦士の仕事に終わりはない〟と叫びつつ、焦土、復興、高度成長の道をひた走りに走り抜けて〝どっこい〟生きてきた人たちだった。

私がこれから訪ねようとしているのは、自分で商売をしている③のグループの人たちだ。代々鳶《とび》職の《磯部幹愛》さん、米屋の田中さん、時代とともに質こそ変化したが左官屋からブロック屋を営む《佐藤正夫》さん、薪《まき》屋からプロパンガス販売に変身した《松原武》さんたちである。

また、一代で商売を見つけ出した人たちもいる。その一人が「医療法人　東洋病院常務理事事務代行者」と、ちょっと奇異《きい》な感じのする肩書の名刺を持つ《福田稔》さんだ。

東京の国電・有楽町駅前のビルの谷間に、戦後すぐ建てられたままのようなバラック建ての一角がある。すし屋、ラーメン屋、パチンコ屋などがひしめきあう〝横丁〟は、都市の近代化の波から取り残された部分だが、なにかかたくなに存在を主張しているかのように見える。

福田さんは、その〝横丁〟に毎日郊外からかよってくる。差し出された名刺をいぶかしげに見ていると、「この名刺かね。話せば長くなりますよ」と、福田さんの〝昭和史〟を語りだした。

「卒業するとすぐ、下丸子の富士航空という会社にツネさん（松原常治さん）と一緒に入ったんです。飛行機の燃料計とか爆弾照準器などを造ってたんです。よく覚えているのは、近くにB29が落ちた時、機体から爆弾照準器を取ってきて、それを見本に試作を始めてましたから。今思うとひどい科学の遅れでした。これでは戦争に勝てっこありませんよ。その工場には〝一銭五厘〟の赤紙で召集された兵隊がたくさんきていました。戦場に行くよりも、戦争の道具をつくらせるほうが先だって、軍需工場で仕事をさせていたわけです。だから、会社の寮の半分以上も兵隊が占めて、さながら兵舎でした」

「勝てっこない」と知りつつも、兵器を造らなくてはいけないもどかしさを感じたのは、福田さんだけではなかったであろう。戦局は激しく、福田さんは三回も空襲の直撃を受けている。三月が深川、四月が羽田、五月が下丸子と、行く先々で家や寮を焼かれ、とくに深川の時は、死体の山の中を逃げまわった。

下丸子にあった富士航空は、重要な軍需工場だったので、終戦まぢかの八月、新潟県の六日市《むいかいち》の中学校に疎開した。

「空襲の中を逃げまわっているうちに終戦ですよ。まあ、学校のころから〝お国のため〟だけで生きてきましたからなあ。しかし、私なんかいいほうですよ、かわいそうなのは大陸へ開拓に行った人たちですよ。朝礼を兼ねた壮行会で、壇の上に立って威勢よく胸を張って出ていった人ですよ。その時は、別にうらやましいとは思わなかったな。いずれ自分たちも〝お国のため〟に戦うんだから同じことだと思ってたから……。

彼らだって一旗あげようなんて気持ちはなかったんだよ。ただただ〝お国のため〟に外地で食糧をつくろう、という純粋な気持ちだったんだよ」

福田さんは、六日市の疎開先から九月に帰ったが、家は焼かれ、家族は焼け野原のバラックに住んでいた。それからの福田さんは、生活の手段として、国電・蒲田駅西口にあった闇市マーケットで花屋を始めた。

「羽田あたりの漁師は、月二回必ず花を買って神様や仏様に供えたんですよ。たとえ食いものがなくっても、海に出る人は信心にやかましかったからな。でも、そのころはほんとうに食べるものがなくってね、よくコンニャクを食べたよ。あのコンニャクってやつは、腹はいっぱいになるけど栄養がないんだな。だから、花を自転車に積んで売りにいく途中で、ペダルがこげなくなったこともあったよ。いやあ、もうひどいもんだった」

〝腹が減っては戦さはできぬ〟で、花屋をやめ、川崎の自動車会社で外注検査を半年ぐらいやった。そこへ義兄が有楽町で喫茶店をはじめ、忙しいから手伝いにこいといってきた。最初は、会社に一週間の休暇届を出して手伝っていたが、あまり忙しいので福田さんはそのまま喫茶店の従業員になってしまった。

「二十二年だよ。物価統制令《ぶっかとうせいれい》で甘味不足の時代だったから、喫茶店は大繁盛ですよ。ズルチンやサッカリンで脱脂粉乳《だっしふんにゅう》に甘味をつけ、黄色い色をつけて『ミルクセーキ、いっちょうあがり！』ですよ。一杯五円でした。そんなミルクセーキでも、二十三人座れる店の前に朝から晩まで客が行列ですわ。そのころで一日三万円もの売り上げがあったんだから、信じられなかったよ。闇米が一升百八十円、サツマイモ一貫匁三十五円の時代ですよ」

まさに〝闇市商法〟である。そのころの有楽町界隈《かいわい》には、浮浪者、戦災孤児、売春婦が群れをなしていた。

「当時、銀座の服部時計店が米軍のＰＸでして、そこから兵隊が品物を日本円に取りかえてくれって持ってくるんだ。密売でしょう、日本人がラッキーストライクを一箱持ってたってブタ箱に一週間も入れられたり、沖縄で重労働だとかいわれていましたから、そんな危ない橋を渡ったら、それこそ莫大《ばくだい》なもうけになったんだ」

福田さんは、喫茶店でもうけた金で一区域（朝日新聞社と有楽町駅の間の〝朝日街〟）を買って建物を建てた。その中に、奇異な名刺の元になった診療所があった。その診療所を浜松町へ移転して〝東洋病院〟と改称、義兄が理事長、福田さんが理事におさまった。だが、四十八年に義兄が急死し、かかえていた借金の整理のため病院を売却した。名刺の「事務代行者」というのは、そこの残務整理者ということらしい。

つまり、福田さんの〝現在〟は、戦後のドサクサに買った〝朝日街〟の経営で生活しているというわけだ。しかし、いまの福田さんにも悩みのタネがある。というのは、バラック建ての一部が東京都の〝駅前広場〟に指定されているため近代的なビルに建てかえることができない。そんな土地をかかえて、戦後そのままのバラックにかよっているうちは、福田さんの戦後は、いつまでたっても終わることはないだろう。小肥《こぶと》りの、はしっこい眼をした〝町のいいおじさん〟にはなったけれど……。

闇市を経験したのは、川崎で「魚羽寿司」を経営している《吉沢昭二郎》さんもそうだった。「魚羽寿司」は、東横線武蔵小杉駅西口から歩いてほんの三分、ガードをくぐって南に五十メートルばかりのところにある桧造《ひのき》りの格子戸をつけたこぎれいな店だ。

住所がわかっていたので駅前交番で聞いたところ、すぐ捜し当てられた。電話はせずに直撃訪問。カウンターの奥の若い板さん二人が威勢よく、「ヘイ、いらっしゃーい」ときたが、カウンターには五、六人のかっぷくのいい会社重役風の紳士が席を占めていたので、若いほうの板さんに名刺を出して主人の在否を確認する。その板さん、奥の帳場《ちょうば》わきののれんをくぐって「おかみさん、ちょっと」と呼ぶ。洋装だが割烹《かっぽう》着をかけた小柄の婦人がサッと顔を出す。ちょっと奥へ消えたかと思うと、背のすらっとした、板さんとそろいのハッピを着た中年の旦那然とした人物が、これもいなせな渋声で「いらっしゃい」を発してから眼光鋭くこちらの眼を射込む。趣旨を話すと、カウンターの右後方に並ぶテーブル席の一つに腰をおろした。

まず最初に一昨年の夏、岡辺先生を迎えた伊豆湯ケ島《ゆがしま》温泉の民宿「魚羽」の〝段〟から――。

「いえね、あれは私の姉にやらせている店で、その前の同窓会に出たあとで、『次の会場は俺にまかせておけ!』といっておいたんですよ。それというのも、会場が昔、萩中国民学校のあったゆかりの地とはいえ、老人クラブ会館だったから『こんな年寄りくさいところで会合していたらほんとうにふけ込んでしまうぞ！』とからかったものだから引っ込みがつかなくなった、というわけ。しかしだね、それは前向きの演出で、同級生だからザックバランにハッパをかけただけのこと」

「そこの飾りを見てくれよ」と指さす帳場とカウンターの間の壁面に、左右百五十センチ、高さ六十センチ、奥行き五十センチほどのガラスケースの中に、白木造りの見事な屋形船のミニチュアがデンと座っていた。その中の板札には「萩中今昔会」とある。

「この『入船《いりふね》』は、本職の船大工が造ったものだからほれぼれする祝儀だよ。この店の名前も、十年ほどやった魚屋の屋号も、よき時代の漁村・羽田を懐かしんで〝羽〟の字をとり、『魚羽』としたんだよ。だいたい、友情というものはゼニカネでは買えねえもんだよ。いま、私ら昭和一ケタの人間は、そんな義理人情を命よりも大事にしたい世代だからね。いまの人たちにわからないかもしれないけど、こいつら息子二人の代になっても、孫の代になっても、この祝儀の品を店と一緒に継がせることに決めてあるんだよ。いや、あっちが長男、こっちが二男、両方とも私の仕事を継いでくれるというから、やらせることにしたんだ」

吉沢さんは、いかにもうれしそうに、今昔会の結束のかたさと〝男の友情〟をぶった。話術も巧みで、人をそらさない。商売柄、やはり接客上手で、社交術がさえている。

「いってみりゃあ、わが家『魚羽』のご本尊はこの『入船』よ」

といい放ったかと思うと、

「いくら大作が偉くなっても、彼を苗字でも名前でも、呼び捨てにできるほんとうの友だちは俺たち同級生以外にはいないはずだからなあ」

としめた。が、以上はほんの序論で、話はとうとうと続いた。

吉沢さんの祖父は、川崎市殿《との》町の小学校で校長をしていた。父は吉沢さんが子どものころに死に、母親の手ひとつで育てられた。四男二女の二男で、家庭はそれほど豊かではなかった。吉沢さんも他の同級生と同じように、学校を出ると横浜の元住吉《もとすみよし》駅近くにあった東京航空計器に〝産業戦士〟として働きに出た。そこで卓上旋盤で飛行機の昇降板や照準器、水平機などの部品を造っていた。

スポーツマンであった吉沢さんは、会社の寮では班長に命ぜられ、毎朝十二キロのマラソンの指導員をやっていた。のちに、このマラソンでつちかった基礎体力が、空襲で自宅が全焼した時に役に立った。

「自宅が空襲でやられちまってね、家族は全員無事だったが、会社の寮が心配で、羽田から蒲田、玉川学園、元住吉とレールの上を走って行き、寮の無事を確認した。翌朝、羽田まで帰って、家族が伊豆湯ケ島の親類の家に無事避難するのを確かめてから、またまた寮まで走っていきましたよ」

一往復半の大マラソンだ。ゆうに百五十キロはあったと思われる。

班長の吉沢さんは、終戦になってもすぐ帰らず、一か月間も残務整理をやってから疎開先の伊豆に行った。半年後、東京航空計器が進駐軍の印刷工場として接収されていたので、進駐軍印刷局のＭＰ[注17]のハウスボーイを三か月やり、そのあと闇市で魚屋をやった。その魚屋が現在の「魚羽」の出発点となったのである。

「戦後はみんな東京で食っていくために、闇屋、かつぎ屋など、とにかくなりふりかまわずガムシャラにやったよ。その時な、食い物商売はいつでも強い、つくづくそう思ったよ。それに羽田の漁村もよく知って育ったおかげで、ＭＰのハウスボーイなんかやってるのがばかくさく、さっさとやめて闇魚を売ったんだ。元住吉の友人五人ぐらいとな。ま、その魚屋十年のうち包丁さばき、魚の扱いは勉強できたから、そのあとは、時代も落ち着いたことだし、扱いなれた魚に、さらに〝付加価値〟をつけて稼げるすし屋に転身したわけよ」

すし屋になって二十年、魚屋から数えて三十年、三分の一世紀を〝魚〟と二人三脚で走り抜けてきたのである。

「というのはね、子どものころ、開拓義勇軍や予科練が一種の憧《あこが》れで、そういうのに義務感とか使命感のような気持ちをもって参加するのが青少年の姿だといわれていた。そりゃ、岡辺先生が『真の勇気を持つ男子なら、狭い日本にとどまっていないで、大陸にでも南方にでも出かけていって、その土地の〝土〟になれ。これからの日本は、そういう人間を育てたいんだ』というふうなことをいっておられたからね。当時はみんなそのように考えてがんばったさ。でもな、結局それは間違っていたんだろう。

私は私の道を歩いてきたんだ。信仰で生活を切り開くことなんか、私にはできないよ。でも、いくら信念を持っていても、友だちや恩師と会って互いの人情を温めあう〝心〟だけは大切にしていきたいですよ。ま、われわれ庶民はその〝心〟を大切に育てて、守っていけばいちばん幸せにやっていけるという知恵を持っているんですよ、羽田の人間はとくにな」

明るく語りつぐ、イキのいい江戸っ子、いや〝羽田っ子〟だった。

入信と再会の感激

自分の代から商売を営んでいる人は、ほかに蒲田で不動産屋をやっている《石井信久》さん。

「同窓生のなかで一人ぐらい取材に応じない者がいてもいいだろう」という今昔会の会長で、萩中国民学校時代には伊東さんと並んで級長だった《松原又右衛門》さん。その松原さんは、いま事務機販売をやっている。それと下丸子でパチンコ屋を経営している、同級生でたった一人の創価学会員《内田友夫》さんである。

私はその一人、内田友夫さんを下丸子に訪ねた。国電・蒲田―目黒間を走る東急目蒲線《めかません》の下丸子駅に降りたのは、初冬の夜、七時ごろであった。駅から住宅街に通じる商店街は家路を急ぐ人影であふれ、その背を、気の早いジングルベルがせきたてていた。

内田さんが経営する「内田パチンコ」は、下丸子商店街でただ一軒のパチンコ屋であった。

店内には、およそ八十台の〝電動式〟と〝手はじき式〟の機械が並んでいる。正面突き当たりに大型の冷暖房機。その右角に景品交換場があり、さらに右手に出口があって、店は〝金尺型《かねじやくがた》〟に表通りと路地側に出入り口がある。

景品交換場のカウンターの中で、黄色いカーディガンを引っかけ、薄茶のセーターに黒っぽいズボン、サンダルばきの四十代の人物がしきりに景品を交換していた。卵型のつやした顔。髪は七三にきちっとなでつけている。見当をつけたこの人が、やはり内田友夫さんであった。くちびるを左右にキリッと下げ気味に閉じられた面影の卒業式写真の顔が、名刺を出した一瞬、チラッとよみがえったのを認めて「内田さんですね」とあいさつすると「ええ、そうです、内田ですが……」との答え。

同級生でただ一人の創価学会員の〝昭和史〟は、創価学会の教え「生活＝信心」の公式そのままであった。

「私が学会に入会したのは、もう十年も前になるんです。女房に折伏されたんです。女房は母に熱心にすすめられて入会していたわけで、今ではこの地区のB担という婦人部の立場にあるんです。ま、私の入ったのは〝牛にひかれて……〟じゃないが、要するに母親がこの下丸子で、兄貴の資本で二十五年にパチンコ屋を開いたんですが、そのころから入会していましてね、それは熱心にすすめてきたんです。でも私は、初めはいくら母にすすめられても入らないでいたんです」

理由は、同級生の池田氏が会長になったことへの反発というようなものではなかった。自分の運命は自分一人で切り開いていく、という自信を持っていたからだという。

だが、内田さんは実際のところ、母の店を手伝って十年たってもうだつがあがらなかった。それに、ちょうど義兄が名古屋のパチンコ機械の製造会社からもどってきて、「資金を出してやるから独立してやってみろ」といわれたのを機会に、埼玉県の桶川《おけがわ》市《し》で八十万円の資本でパチンコ屋を開店したが、三年でつぶしてしまい、裸一貫で下丸子にもどって兄のパチンコ屋の一従業員になった。

「それに、いつまでも結婚できないでいたから、母に頭が上がらなかった。昭和三十九年にやっと結婚したものの、長男は生まれた直後に死産同様に死んでしまい、どうにも運のつかない時代が続いたんです。しかも母が病気で半身不随《ふずい》になってしまいましたし、月給だって四十七年に兄が経営権を交代してくれるまで七万円ぽっきりだったんです。でも、やっとなんとかやっていけるメドがついた矢先に……」

こんなにも一人の人間の上に不幸が続くものか、と思えるような四十九年一月十七日夜の火災である。兄から代わった店は全焼し、不幸にも病気で伏していた母は焼死してしまった。出火原因は漏電《ろうでん》であった。

「店のあった土地は借地だったので、地主は時価の半値の坪当たり三十五万円払うからサラ地でもどしてくれてもよい、といっていたんですが、しかし、その金で他に移ってもすぐに食っていける仕事のアテもない。結局、パチンコ屋を再建するしか生活のメドが立たなかった。で、類焼させた近所への補償金は、母が持っていた家作《かさく》を売却して二千万円払い、そのうえ、兄が要求する大金を払ってこの店をやる権利を買い取ったんです。手もとには金は全くなくなってしまう、地主は再開するなら土地を買ってくれ、でしょう。銀行関係に走り回って頼みました。都や公共の資金を借りようと思っても『パチンコ屋は人間が食っていくのに必要な業種じゃないから』と一言のもとにはねられてしまい、一時は〝世も末か？〟とあきらめかけたんです」

この世の憂《う》き目を一身に背負ったような内田さんだったが、火事から十一か月ぶりにやっと開店にこぎつけた。

「苦しい時など、学会の地区の人たちが励ましてくれたんです。失意《しつい》のどん底から立ち上がることができたのは、ほんとうに学会員の心からの激励があったおかげです」

それへの〝報恩《ほうおん》〟というわけでもあるまいが、内田さんの店の二階は全部、学会のこの地域の集会場に提供している。

「仏壇に死んだ母の位牌《いはい》を供え、池田会長から寄せていただいた母への香典《こうでん》もそのまま供えてあります。あの香典は、私の一生涯というよりも、子どもたちの代になっても、決して手をつけさせないと誓ってるんですよ」

まさに内田さんにとっては感激の決意である。

こうして自らの〝昭和史〟の中で、仏法《ぶっぽう》でいう〝宿命〟、自分自身の持つ生命の業《ごう》の深さを身をもって体験した内田さんは、同級生であり、創価学会会長の池田氏には、萩中国民学校を卒業してから二度再会している。

「一度目は、彼がまだ会長になっていない時だった。矢口《やぐち》（大田区）の叔父の家に行った帰り、そば屋に入ったらばったり会って、向こうから『おいっ、内田じゃないか！』と声をかけられ、『こんど一日、家へ来いよ』と名刺を渡されたんだ。

二度目は、浅草の常泉寺《じょうせんじ》で学会の追善法要《ついぜんほうよう》があって、女房と二人で参加した。私たちは、本堂に座っている多くの参加者の中にいたんですけどね、会長はつかつかと私のほうへ歩いてきて、黙って右手を差し出してくれたんです。私はもう感激し、夢中で両手を差し出してその手を握りしめたんですが、『内田です』とだけしか声が出ませんでした。会長は一言もしゃべりませんでした。あの日は、火事で背広も焼けてしまったので、甥《おい》の背広を借り着したんです。でも、感激でした。なんか大きな〝もの〟につつまれたような気がして……。

店の二階を学会の会合の時に提供する決心は、あの時についたんです。うれしかったですよ、ほんとうに。それにしてもあの時、多勢の人の中に、私がいるのを一目でわかったのかどうかわかりませんが、私が名乗った以上は十分にわかったはずです。それに、同窓会に欠席しているから、ひょっとしたら私を通じ、『同級生のみんなにも悪いけどよろしくな』という意味もこめられていたかもしれませんね」

「一葉の写真」に写る同級生の中で唯一の学会員の内田さんは、今昔会にはよく出席するメンバーだ。内田さんが初めて今昔会に出席したのは、義兄からパチンコ屋を引きついだ年の七月の末に行われた萩中公園の老人クラブの会館で開かれた時だった。

「三十年ぶりにみんなと会い、糀谷の小学校の時からの仲間五人、すし屋に入って腹ごしらえをしたあと、昔かよった線路ぎわの道など、ブラブラ歩いて帰ってきましたよ。懐かしい道筋でした」

火事を出して店を再建してからも出席していた。

「あの時はうれしかったよ。今昔会から田中、石井、吉沢、原田らが見舞ってくれて、見舞金を五万円ももらったんだ。あとで涙が出てしようがなかった。そのお礼かたがたの出席だったが」

それにしても、内田さんの半生は、戦中戦後を通して火事、倒産、失業、死産、そして母の焼死と、厳しい宿命を一身に背負ったような暗い道のりだった。だが、現在の内田さんは、

「どん底にあえいで苦労をしてきたけど、精神力というか、忍耐力というのか、少々のことではくたばらないぞ、という心のバネ、ねばりはあるね。石の上にも三年というけど、このパチンコ屋の仕事は私なりにやりぬくよ。普通なら火事を出した時、逃げ出していたろうと思うよ。その点は自分でも、もう自信がついたな。みんな信心してから自分の宿命というものを見つめられるようになったおかげです。『難《なん》来るを以《もつ》て安楽《あんらく》と意得《こころう》可《べ》きなり』と、難にあった時こそ〝宿命転換《しゅくめいてんかん》の絶好のチャンス！〟と確信し、『転重軽受《てんじゅうきょうじゅ》』の原理を身をもって証明してきました。人間革命ですよ、私の」

と胸を張った。

「内田パチンコ」はシャッターがおろされ、店内にはもうあの喧噪《けんそう》は消えていた。

［注1］神武（じんむ）古事記、日本書紀によれば神武天皇は三男（あるいは四男）だった。深沢七郎氏の小説「東北の神武《ずんむ》たち」は、長男でなければ田畑を継げない農村の次男、三男の悲喜劇を描いた。

［注2］昌図事件（しょうとじけん）　満州国で起こった日本人同士の銃撃事件。5月5日、端午の節句の記念運動会において満州開拓義勇軍第11中隊と第22中隊が着順の不満から銃撃戦を展開、死者3名を出した事件。この事件は関東軍によって隠蔽されていた。

［注3］日ソ中立条約（にっそちゅうりつじょうやく）　昭和16年（1941）、日本とソ連の間に締結された中立条約。しかし、昭和20年8月8日にソ連のポツダム宣言への参加を表明、9日零時（ザバイカル時間）突如、ソ連は戦闘を開始、南樺太、千島列島、満州国、朝鮮半島北部への侵攻を開始した。

［注4］通化事件（つうかじけん）　中国東北部吉林省の都市で一時は満州国の首都。満州国と朝鮮半島を結ぶ交通の要衝。昭和20年8月には侵攻するソ連軍を阻止するために関東軍が集結した。翌年勃発した通化事件の舞台で、日本人3、000人余りが虐殺されたとされる。

［注5］関東軍（かんとうぐん）　日露戦争でロシア帝国から獲得した租借地の関東州（遼寧半島先端）の守備や満鉄の警備を目的にした守備隊が「無敵関東軍」の前身。その後、張作霖爆殺や満州事変、ノモンハン事件など現地の参謀長が判断する独断専行が目だった。ソ連侵攻時、開拓民を棄てて逃げたとされる。

［注6］LST（Landing Ship Tank）　戦車揚陸艦。当初、兵員や戦車、物資の陸揚げを目的として開発されたが、艦自体を直接、敵前の海岸に乗り上げることが可能な艦が開発され、ヨーロッパ戦線ではノルマンディ上陸作戦、日本戦では沖縄戦の使用された。朝鮮戦争では仁川

上陸作戦に投入された。

［注7］南武線（なんぶせん）　川崎駅（川崎市）と立川駅（立川市）を結ぶJR東日本の路線。大正8年（1919）、多摩川で採取した砂利運搬を目的として敷設された。路線はほとんど多摩川の東側の丘陵地帯を走る。現在は沿線のベッドタウンが急増、武蔵野線と共に東京圏環状線の役割を担う。

［注8］中島飛行機（なかじまひこうき）　大正6年（1917）から終戦まで利根川に面した群馬県尾島町（現太田市）にあった東洋最大の航空機メーカー。創業者は海軍機関将校の中島知久平。エンジンから機体まで一貫生産ができるほどの高度な技術を持っていた。「太田呑竜」で知られる「一〇〇式爆撃機」や三菱の『ゼロ戦』のライセンス生産も行っていた。戦後、解体されその主力は富士重工業（スバル）となり自動車生産を行う。

［注9］GHQ（General Heed Guartens）　連合国最高司令官総司令部。昭和20年10月2日、太平洋戦争終結に伴うポツダム宣言の執行の役目として設置された。場所は皇居前の第一生命館。総司令官はダグラス・マッカーサー元帥。戦後の日本の方向性を決めるさまざまな場面に登場、絶大な権力を振るった。ポツダム宣言（Potsdem Declaretion）昭和20年7月26日から、ナチスドイツ崩壊後のベルリン近郊のポツダムに集まった連合国首脳による大日本帝国への降伏要求の最終宣言。署名したのは米国大統領トルーマン、英国首相チャーチル、中華民国主席蒋介石。ソ連共産党書記長スターリンは日ソ中立条約があったため署名せず。しかし、後に署

名。大日本帝国は8月14日受諾、8月15日発表、太平洋戦争は終結した。

[注10] 三鎮（さんちん） 明治20年（1986）、海軍事令により、日本沿海を5海軍区に分けた。その時、横須賀、その後、呉、佐世保に鎮守府（ちんじゅふ）を置き、海軍の本拠地として統括した。これを〝三鎮〟と言った。京都府の舞鶴は一時、鎮守府となったが格下げされた。また、北海道の室蘭には鎮守府は置かれなかったが、中国の旅順口に一時、鎮守府が置かれたことがある。

[注11]『四十八歳の抵抗』 小説家の石川達三が昭和33年に発表、ベストセラーとなる。55歳定年の時代、退職が見えてきた48歳の保険外交員。なに不自由なく暮らす。だが、戦中戦後の後悔と不安が心の中に潜む。その日常からかすかな冒険を試みる。映画化され、中年の男を山村聡、相手役の19歳の若い女を若尾文子が演じ、話題になる。脚本の新藤兼人。監督は文芸路線の巨匠吉村公三郎。

[注12] 青函連絡船（せいかんれんらくせん） 明治41年（1908）、東北本線青森駅から津軽海峡を渡り、函館駅を結んでいた国鉄の鉄道連絡船。昭和63年（1988）、青函トンネルが完成、廃止された。台風で沈没した「洞爺丸」とか「羊蹄丸」「大雪丸」「摩周丸」と北海道の景勝地の名が付けられていた。飛行機便が就航するまでは北海道に渡るのには必ず青函連絡船を利用した。

[注13] バクダン 戦後の混乱期、闇市などで売られていた安い酒のこと。多くの人たちが神

経系を侵され、失明した。当時、安全なエチルアルコールには高い酒税が掛けられていた。そこで考え出されたのが工業用アルコールの利用であった。工業用アルコールには安全なエチルと有害なメチルが含まれていた。エチルとメチルでは沸点に差があり、その沸点の差を利用、メチルを飛ばす作業を行い酒を造った。だが、混乱期のこと、メチルが含まれた酒が売られた。

[注14] サッカリン　石油のコールタールから偶然に発見された人工甘味料。摂取してもカロリーにならない。戦後、砂糖が不足していたため、甘味料としてサッカリンが使用された。現在、アメリカや台湾などで大量に使われているが、日本では発癌の恐れがあるので使用は禁止されている。

[注15] アッツ島　日本軍は昭和17年（１９４２）６月、アリューシャン列島のキスカ島と共にアッツ島を占領「厚田島」と改称、守備隊を置いた。だが、翌年5月、米軍は反攻、アッツ島を奪還した。17日間の激戦の結果、日本軍の守備隊は玉砕。戦死者２、３５１人。生存者はたった28人であった。米軍にも６００人の戦死者を出した。

[注16] 赤玉ポートワイン　明治40年（１９０７）、寿屋（現サントリー）が売り出したワイン。当時、米1升10銭だったが、赤玉はその４倍の40銭もする高級品であった。日本で初のヌードポスターなど話題を呼んだ。

[注17] ＭＰ（Militaly Police）　戦後、日本を占領した米軍を取り締まるための憲兵隊。ヘルメットにＭＰと書かれ、銃剣を付け、軍服でジープに乗る姿は日本の警察より恐れられた。

羽田からの旅立ち

消息不明者

真夏の太陽が照りつける暑いさなかに開始したこの取材も、今昔会のメンバー一人一人を捜し歩いているうちに何か月も過ぎてしまい、街はすでに冬支度《ふゆじたく》をはじめていた。取材帳の名前の下が余白となったままの住所不明の人たちがまだ十五人も残っていた。

その人たちは「一葉の写真」に幼い日の顔の残したまま、三十数年の〝時〟の流れの中に埋もれてしまい、あるいはかき消されてしまっていた。たしかに、事実として三十五年前、彼らは萩中国民学校の校庭を走りまわり、〝海賊先生〟に立たされたり、多摩川で泳ぎ、羽田の浜で潮干狩りをしていた仲間なのである。そしてみんな一緒に「日本ヨイ国、清イ国。世界ニ一ツノ神ノ国」と直立不動で唱和《しょうわ》したに違いない。

だが、取材帳にかすかではあるが、私の会った二十数人の人たちが聞かしてくれた〝消息不明者〟二、三人のメモが記されている。

その一人が「背は低かったが、頭がよかった」といわれている《植頭義一》さんだ。しかし、植頭さんは死んでいる。死因は事故死である。事故死といっても交通事故ではない。植頭さんは戦後、鉄工関係の工場に勤めていた。昭和四十年代の前半のある日、クレーンでつりあげられた鉄塊が、不運にも下で作業していた植頭さんの頭上に落下したのだ。

私はこの話を信じたくはなかった。あまりにもむごい。さっそく植頭さんの親類を捜し歩いた。だが、東京の電話帳に二軒ある植頭姓を訪ねたが、残念ながら私の捜す植頭さんの親類縁者《しんるいえんじゃ》ではなかった。ただ取材中、植頭さんの出身地は茨城県であることだけがわかった。地元の人は「たしか戦前、東京に出ていった者があったが……」というだけで、それ以上の消息はまったく不明であった。

もし植頭さんが落下する鉄塊に押しつぶされて、不幸にも死んだとしたら、日本の高度成長経済下における〝産業戦士〟の〝戦死〟とはいえないだろうか。

それにもう一人――。私はこの人がなぜ三十五年前に東京・羽田で撮影された「一葉の写真」に写っていなければならないかを考えていた。それは韓国籍と想像される《金海秉奎》さんだ。

金海さんは、彼ら同級生より二歳ほど年上であった。そんなことを思いながら「一葉の写真」をよく見ると、他の少年たちにくらべて背も高いし身体もガッチリとしている。二歳年上とすると、彼ら同級生が昭和二、三年生まれだから、金海さんは大正十四、五年生まれであったと考えられる。

当時、日本の植民地支配、つまり「日韓併合《につかんへいごう》」によって土地を奪われ、祖国で生活できなくなった人たちが日本に渡ってきて九州や北海道の炭坑のタコ部屋（監獄《かんごく》部屋）に入れられたり、日中戦争の激化とともに国内の軍需工場に多数動員されたりしていた。朴慶植著「朝鮮人強制連行の記録」によると、大正十年から五年間に日本へ渡った渡航者は十五万九千四十九人に達するといわれ、金海さんの両親も〝地獄船〟に乗せられて日本に渡ってきたうちの一人ではないだろうか。

そのころ、萩中国民学校の通学区域には、「日本特殊鋼」「荏原製作所」「大谷重工業」「明電舎」、蒲田には「新潟鉄工所」、そして川崎には「日本鋼管」など大工場がどす黒い煙を吐いていた。とくに日本鋼管の近くには、こうした人たちの街・桜本《さくらもと》があった。

金海さんの両親は、そのなかのどこかの工場で働いていたのではあるまいか――私にはそう思えてならない。

萩中国民学校十七年卒業組は、八クラス、約三百五十人だが、金海さんを含めて数人の韓国籍の人を発見することができる。この人たちの両親たちは、日本の侵略、植民地政策によって田畑を奪われ、生活の手段を失って飢餓戦線を彷徨《ほうこう》していたに違いない。

〽なにをうらもか　国さえ亡ぶ
家の亡ぶに　ふしぎなし
運ぶばかりで　帰しちゃくれぬ
連絡船は　地獄船
（「日本の中の朝鮮」から）

と口ずさみながら、寒風吹き荒れる玄界灘を関釜《かんぷ》連絡船で〝土地〟を略奪《りゃくだつ》した張本人〝日本〟に渡ってきていた。

「一葉の写真」に写る金海さんも、また他のクラスにいる数人の少年たちも〝地獄船〟に乗せられてきた人たちの二世なのである。私は金海さんの〝現在〟を発見することはできなかった。金海さんは今どこにいるのだろう。在日韓国人六十数万の中にもしかしたら？

母国のどこかに……？

しかし、金海さんがこの「一葉の写真」に写っているのは、とりもなおさず日本帝国主義の過酷《かこく》な侵略、植民地支配の必然的な結果で、その延長線上に位置されるのは、開拓義勇軍に加わり、死んで大陸の凍土と化した藤井さんであり、フィリピンで戦死しなくてはならなかった荒井さんや原沢さんではなかったか。

私は日本の侵略戦争の結末を「一葉の写真」の無造作に切り取ったフレームの中に見る思いがした。それは、「一葉の写真」に金海秉奎さんが写されていることではっきり証明される。

残る消息不明の十三人の〝現在〟を捜し出す作業に、私は考えられるあらゆる手がかりを求めた。取材の常道、彼らが住んでいたと思われる〝現場〟にまず足を踏み入れたのを手はじめに、区役所の暗い書庫、町内会の〝役〟、長老……そして全国の電話帳も片っぱしからめくった。

そんなある日、消息不明者の三人のかすかな手がかりがつかめた。まず大陸にいったと思われていた《庭山徳二》さんの場合――。

庭山さんの父、喜三郎さんを区役所の「改正原戸籍」のファイルの中に発見したことから私の〝庭山さん捜索の作業が始まった。

父、喜三郎さんの本籍地は「新潟県刈羽《かりは》郡二田《ふただ》村《むら》大字長嶺」である。二田村は、あのロッキード疑獄で起訴された元首相田中角栄の故郷・西山町の隣村で、現在は西山町に編入されている。庭山徳二さんの出生地は新潟ではなく、池田氏と同じ「東京府荏原郡入新井町大字不入斗千弐百四十八番地」に、池田氏より四か月早い昭和二年九月九日に生まれている。一家は、萩中国民学校の通学区域の「蒲田区（大田区）北糀谷町弐千四百拾九番地」に移転、父、喜三郎さんは徳二さんが開拓の内原に入所してまもなく死亡、兄、正雄さんも昭和二十八年に死亡している。ただ、庭山徳二さんの欄には「昭和三十五年一月二十二日母に随い除籍」と記載されているだけで、あとはプッツリと切れている。

私はもしかすると、庭山さんは父の故郷・二田村に帰っているのではないかと思い、新潟県版の電話帳をくってみた。だが、残念ながら庭山徳二という名前を発見することができなかった。しかたなしに西山町字長嶺にある庭山姓を片っぱしから捜したが、長嶺には、なんと庭山姓は五十数人を数えた。私はその中の一軒、雑貨屋を営んでいる庭山さんのダイヤルを回した。電話口に出た老女は、「この長嶺には、庭山姓が六十竈《かまど》もあるが……徳二さんねえ、お父さんが喜三郎……」といったまましばらく考えてから「うちのじいさまが夜帰ってくるでのう、聞いておくから、あしたにでももう一度かけてみてください」

あくる日、再び電話を入れたところ、「たしか、明治の終わりごろ、東京に行ったまんまだ。今、どうしてなさるかい」と、逆に喜三郎さんの消息を聞かれる始末。やっと捜しだした本籍地からの追跡も半ばむだになりかけていた。が、戸籍をよく見ると、長男、正雄さんの娘さんの嫁ぎ先が記載されている。そのかすかな一本の糸の先から「たしか高崎のほうに住んでいるのでは……」との話を聞きだした。

私は急いで高崎市内の電話帳をめくった。あった！　たしかに「庭山徳二」とある。さっそくダイヤルを回す。コールが長く、一瞬不安になった。十一回目にやっと受話器がとられた。

「庭山さんですか」

「はい。庭山ですが……」

「戦前、東京の羽田のほうにおられた庭山徳二さんですか」

思わず力が入った。

「……なんの用ですか。たしかに羽田のほうにいましたが……」

当然のことながら、突然の電話に先方は不審の念を抱いたようであった。しかし、電話の主はまぎれもない「一葉の写真」に写る庭山徳二さんであった。

二人目の《木闇《きやみ》武雄》さんの場合――。

残念ながら戸籍は発見できなかった。ただ、手がかりといえば、木闇という珍しい姓である。東京の電話帳には、木闇姓は三軒しかない。しかし、その三軒の中には木闇武雄さんの名はない。私は恐る恐る三軒の人たちに電話した。だが、ここでも木闇武雄さんの関係者はいなかった。木闇姓は埼玉県北部から群馬県の山麓地帯に多く、〝木暮《こぐれ》〟などと同じように材木業者に関係の深い姓であることがわかった。

さっそく群馬県の電話帳を調べると、《木闇武雄》さんは偶然にも前出の庭山徳二さんと同じ高崎市に住んでいた。


もう一人、やはり大陸組の《武山正義》さんの場合——。

戸籍は母、タネさんの除籍簿にあったが、胸を張って内原訓練所に行った昭和十七年三月三十一日、出生地「北海道空知《そらち》郡滝川町字空知通南」に転出されたままとなっていた。

武山さんは三男なので、長男が〝もしや郷里に〟と思い、電話帳をめくると、本籍地の滝川市に住んでいた。

電話口に出た奥さんが「正義さんなら、隣の赤平《あかびら》にいますが……」と電話番号と住所を教えてくれた。

私は「一葉の写真」に写る三人の少年たちの肉声を聞くことができた。しかし、私が捜しあてた三人は、いずれも〝わが町・羽田〟に〝根〟を持っている人たちではなかった。だから、不明の十数人の人たちもたぶん、京浜工業地帯に昭和初期から建設された工場やその周辺の中小の下請け工場に新潟や北海道、そして関東、東北方面から就職してきた人たちの〝二世〟ではなかったか。

それに戦後は、〝根〟を持たないが故に今昔会のメンバーの生活圏、すなわち情報圏から遠く離れて生活している人たちではないかと想像される。

私はまず、高崎に住む《庭山徳二》さんと《木闇武雄》さんを訪ね、二人の〝現在〟を聞きとることにした。

流転

信越線は高崎を過ぎ、行く手にひかえる碓氷峠《うすいとうげ》を意識してか、列車はゆるやかに傾斜を登りだした。寒風を切り裂く妙義《みようぎ》の山なみが車窓に見え隠れする。

庭山さんは、高崎と安中《あんなか》のほぼ中間、群馬八幡駅近くの上豊岡《かみとよおか》第二工業団地の工場に板金工の〝組頭〟として働いていた。人影のない駅前広場にポツンとつっ立っている電話ボックスから工場の庭山さんに連絡をとった。十分ほどすると、庭山さんは赤茶のトックリセーター姿で自転車に乗って現れた。その顔には「一葉の写真」に写る少年時代の庭山さんの面影が、かすかながら残っていた。

住まいは、駅から十分ほど入った、農地を造成した一角に建てられていた。庭には、つい先ほどまで子どもたちが乗りまわしていたと思われる赤い三輪車が乗り捨ててある。

「おい！　今帰ったぜ。お客さんだよ」

といって庭山さんは自転車を裏に回しにいった。

台所からエプロンで手をふきながら出てきた奥さんと男の子が気さくに迎えてくれた。

「まあ、狭い家だが……」と庭山さんは奥のコタツのある部屋に案内、奥さんに酒の用意をいいつけると、ドカッと腰をすえた。

「あんたの電話をもらってな、忘れていたことを思いだしちまったぜ！　俺はな、その日のことはその日のうちに忘れる主義なんだ。それが、あの電話をもらった晩は、目がさえちまってよ、女房と子どもに、自分のいままでのことをすっかりしゃべりまくっちゃったよ」

奥さんのつけてきた酒を飲みながら、庭山さんは三十数年前の少年時代に記憶を押しもどしていった。

庭山さんは、数年前まで東京の久ケ原（大田区）に住んでいた。あの、ただ一人の創価学会員の内田さんが経営する「内田パチンコ」がある下丸子の隣町だ。が、庭山さんの奥さんが高崎生まれなのと、高崎に工業団地ができたのをきっかけに、久ケ原の工場をたたんで現住所に移り住んだのである。

「やっと落ち着けたよ！」と語り始めた庭山さんの〝昭和史〟は、まさに〝流転《るてん》〟そのものであった。

昭和十七年春、萩中国民学校を卒業すると同時に、藤井さんらと日本の〝生命線〟といわれた大陸の〝鍬の戦士〟になるべく、茨城の内原訓練所に入所した。が、入所した夏に〝しがない鍛冶屋〟だった父、喜三郎さんが突然死亡したので、家を出て働いていた長兄にかわって急きょ内原から帰った。だが、

「藤井君たちが大陸へ渡ったと聞いた時は、さすがの俺もショックで泣いたよ。取り残されたような気がして……」

憧《あこが》れていた開拓義勇軍だったし、〝皇国の民〟の教育を受けて大志をいだく十四歳の庭山さんとしては、当然の気持ちではなかったろうか。

内原から帰った庭山さんは、他の同級生たちと同じように〝産業戦士〟として大崎（品川区）の兄の勤めていた工場に〝参戦〟していった。父は死に、残された家族たちは強制退去で壊された家をあとに、長野県の松本市に疎開した。

「戦争で家族はちりぢりバラバラよ。お袋や姉妹は疎開しちまったし、兄貴も家を出てたから。俺はひとりぼっちで下宿暮らしさ。一緒に内原から帰ってきた武山君と別れたのは、そのころかな。いや内原から帰ってすぐだ。なんでも、北海道に帰るっていってたよ。俺の下宿から出ていったんだから……」

母親も兄弟も友だちもいなかった庭山さんは、激しい空襲の中を逃げまどっていた。そ

して庭山さんは、終戦とともに、糸の切れた凧《たこ》が風に吹かれて飛んでいくように、気の向くままの生活に入っていった。

振り出しは、蒲田駅西口にあった闇市マーケットの徘徊《はいかい》である。

「賭博《とばく》場にも出入りしたよ。なんたって、そのころは、自分の口だけぬらせばよかったからな。闇屋もやったよ。米、芋、砂糖、それにPXのたばこ……なんだってやったよ。裸一貫だったからな」

頼まれて金融会社の借金を踏み倒して夜逃げしたオートバイ屋を大阪まで追っかけたこともある。庭山さんは、ケタはずれのお人よしらしい。

「大阪の都島《みやこじま》にいたよ、そいつは。でも、見てたら気の毒になっちまって、どうせ他人様の金だ、あくせくしたって……」

と、こともあろうにそのオートバイ屋に居候してしまった。その後は、大阪でパチンコ屋の店員、長野で青果市場の仲買い人と、全国を転々と歩く癖がついてしまった。

だが、世の中もそろそろ落ち着きだしてつまらなくなり、そろそろ見切り時と、根なし草の生活から足を洗って〝産業戦士〟時代の板金工《ばんきんこう》になった。朝鮮戦争による特需景気でわいていた昭和二十五年ごろのことであった。

しかし、浮き草生活のころ身についた癖は、板金工になっても抜けきらず、京浜工業地帯の工場を渡り職人として流れ歩いていた。

「なんたって、落ち着いたのは三十五だぜ。こいつをもらってからだからな」

そばで話に聞き入っていた奥さんの顔を見て豪快に笑う。庭山さんは、他の人たちと同じように、戦争によって家庭を崩壊させられてしまった犠牲者の一人であった。戦時中、家長であった父の死で、開拓義勇軍行きを打ち砕かれたのをはじめ、空襲と強制疎開で母や姉たちとバラバラになり、さらに戦後の混乱の中で兄をも死なせた。五人兄弟の一番下であった庭山さんは、十七歳で肉親のいない混乱の荒波に放りだされていったのである。一面では気楽だったかもしれないが、一時たりとも精神の休まるひまのない生活であったに違いない。

そんな庭山さんを、内面から支えていたものがあった。それは、一つの小さな〝柳《やなぎ》ごうり〟だった。他の人が見れば何の変哲もないその〝柳ごうり〟は、萩中国民学校から内原へ行く際、贈られたものだ。校庭に全校生徒が居並ぶ朝礼の時間に、号令台上で校長先生から開拓義勇軍に参加する意義と「壮行の辞」とともに、晴れがましく押しいただいたものだった。

どこに流れるにも、これだけは手ばなさなかったと、押し入れから引きだされた〝柳ごうり〟は、空襲の焼夷弾に焼きこがされてボロボロになっていた。

「こいつを持ってるとな、必ずお天《てん》とう様と米の飯がついてきたよ」

裸一貫で長い道のりを生き抜いてきた庭山さんは、そのつらさ、苦しさをそれほどでもなかったかのように楽天的に語る。そして夜がふけるとともに「俺は早かったぜ！」と、羽田空港内にあった遊郭の女と若くして遊んだ話に花を咲かせる。「食べていけて、納得できる人生があればいいんだ。俺は板金工じゃ、誰《だれ》にも負けねえぜ！」

気っぷのいい〝職人〟である。

窓の外は上州《じょうしゅう》名物、からっ風が吹き荒れていた。玄関まで送りに出た庭山さんは、「こりゃ、明日は雪だぜ！」と首をすぼめた。

叫び

高崎市の中心地から東京方面に通じる中山道（国道一七号線）と利根川の支流、烏川《からすがわ》が交差する一帯倉賀野《くらがの》に、もう一人の高崎の住人《木闇武雄》さんの家がある。

倉賀野は宿場町だった。「群馬県の歴史」（山田武麿著）によれば――。

「利根川の支流烏川に面し、江戸に直航する元船の遡行《そこう》終点で、中山道の宿駅でもあった。このため西上州はもちろん、中山道、北国街道を通じて信越方面と結ぶ輸送幹線の水陸接点として、上流ではもっと重要な河岸であった」

〝阪東太郎《ばんどうたろう》〟と呼ばれた利根川は、江戸時代、江戸と上州、信州、越後を結ぶ重要な交通路であった。倉賀野は、水路と陸路の接点で、今流にいえば、重要なターミナル・ステーションであった。下《くだ》り荷は信州米、越後米、大豆などを運んだのに対し、上《のぼ》り荷は塩、茶、それに肥料としての干し鰯《か》などが主力だった。また、中山道から日光・東照宮に通じる例《れい》幣使《へいし》街道の岐点でもあった。あの木枯紋次郎《こがらしもんじろう》が「アッシにはかかわりござんせん」と道中合羽《がっぱ》をひるがえし、揚子《ようじ》を飛ばした舞台でもある。

倉賀野の街は、宿場だけあって家は古く、家なみが街道におおいかぶさるように建ち並んでいる。

木闇さんを捜しだす手がかりになった木闇姓は、倉賀野だけで十数軒もあった。その木闇一族は、街のはずれの一角に申し合わせたように集合して生活していた。めざす木闇武雄さんは〝でっぱな〟の古びた木造の二階建ての長屋の住人であった。〝でっぱな〟とは、道を教えてくれた老女が「木闇さんなら〝でっぱな〟だ」といった言葉で、聞いた私には語感《ごかん》だけで意味をつかむことができたが、要するに〝でっぱな〟とは、漢字で書けば出っ端のことで、「河原に出た所」「土手下《どてした》」といった意味である。

その〝でっぱな〟の長屋の木闇さんは、奥の一間でコタツにかがみ込むようにして入り、奥さんと娘さんの三人でテレビを見ていた。まだ宵の口だというのに、それまで寝ていたのか、寝衣のままであった。

「冷えますな、さあさあ、こっちにきて——」とコタツをすすめてくれた。だが、不思議なことに木闇さんは右足を外に出し、しかもその足はかすかに震えていた。理由は、しばらくしてわかったのだが、強度の座骨神経痛《ざこつしんけいつう》のため、コタツに入っても足をまげることができなかったのである。

「俺の家は、代々〝紋次郎〟でな」と、舌がひきつるような独特のいいまわしで話しだした。〝紋次郎〟とは馬喰《ばくろう》のことで、木闇さんの祖父は、江戸末期の横浜開港でにぎわった鎌倉街道の〝紋次郎〟であった。

前出の「群馬県の歴史」によると、「安政《あんせい》六年（一八五九）六月、横浜の開港を契機として生糸が一躍国際的脚光をあびると、養蚕業を伝統的国産としていた本県は生糸需要の急激な増加と価格高騰によって異常な活況を呈した」とある。

その生糸を横浜に運んだ道が鎌倉街道で、高崎―川越―八王子―横浜を結ぶ現在の国道一六号線の一部である。木闇さんの祖父は、この〝シルク・ロード〟を荷駄《にだ》に絹箱を積んだ馬をひいて、開港した横浜へとひた走った〝男〟たちの一人であった。

だが、私の前にいる木闇さんには、〝ひた走った男〟の子孫の面影は消え、目は暗く沈んでいた。倉賀野で生まれた木闇さんは、地元の小学校を卒業するとすぐ、羽田で新聞販売店を営む叔父の家に〝でっち小僧〟として出され、そこで新聞配達をしながら、萩中国民学校に通学していた。

他の少年たちと同様に木闇少年もまた〝七つボタン〟と〝大陸〟に憧れていた。彼の場合も〝王道楽土の地〟と宣伝されていた大陸に渡りたくて願書を提出した。が、「長男は不可」の理由で入所が許されず、やむなく故郷・倉賀野に帰って終戦を迎えた。

街道筋に生まれた者の仕事は、宿命のように決まっていた。木闇さんは、空襲で交通機関がマヒした高崎市内や倉賀野の街を、リヤカーをくりつけた自転車に食糧や衣料を混載して走りまわった。

しかし、自転車にくくりつけたリヤカーでは、運べる量も距離もたかがしれていた。こんなことではしようがない――一念発起《いちねんほつき》した木闇さんは車の運転免許をとった。そして昭和二十二年、念願かなって日本一の運送会社「日本通運」に入社した。以後、二十二年と六ヶ月間、トラックの運転手として会社の最前線で働き続けた。だが、この仕事もやがて辞めるざるを得なかった。

「クビになったんだよ。赤旗振ったんで……」と木闇さんは寂しそうに語っていたが、察するところ、単なる労働問題ではなかったようだ。残酷ないい方を許していただけるなら、木闇さんは〝使い道〟がなくなり、企業から〝切り捨ての論理〟を行使されたのだ。しかも、わずか百十万円の退職金と社会復帰すら危ぶまれる強度の座骨神経痛をかかえて……。

「この足がな、きかなくなっちまって。ほれ、ポキポキ関節が鳴るだろう、ほれ」と木闇さんはコタツから出していた右足を手で引き寄せ、ヨロヨロッと立ちあがって、屈身運動を始めた。両足の膝《ひざ》はポキポキポキポキと、乾いた無気味な音を立て、まるで今にも折れてしまいそうに鳴った。

「ほれ、鳴っただろう、ほれ」

何度もくり返す木闇さんの顔は、苦痛にゆがみ、暗い目は怒りに燃えていた。私は、しばらくうなずくことさえ忘れてしまっていた。

「あんた、やめてちょうだい！」

横から奥さんが悲痛な声で叫び、立ちあがった。そして私に、

「この人、あれからずうっと仕事をしていないんですよ……」と目を伏せ、しばらくしてから
「あの退職金だって全部飲んじゃったんです」と小声でいった。

が、木闇さんは、

「なにいってやがんだ、末っ子に赤い自転車買ってやったじゃねえか！」

とやり場のない怒りをぶちまける。気まずくなった部屋に、つけっ放しにされたままのテレビから岩崎宏美の「ロマンス」のメロディーがうつろに流れ、娘さんだけが画面を食い入るように見入っていた。

木闇さんの足は、完全な職業病だと思われる。腰から下はやせ細り、歩行に支障をきた

すばかりか、今では立っているのもやっとであった。原因は、二十二年余の間乗り続けたトラック運転の激務と、五十キロそこそこの小柄な身体で、体重の倍以上もある荷物をかつぎ歩いていたからだと考えられる。
「運んでいた物は？」の質問に、木闇さんは、「火薬の……」といいかけて口をつぐんだ。私は、木闇さんが〝火薬〟を運んでいたのではない、と祈りたい。しかし、もし〝火薬〟を運んでいたとしたら……。
木闇さんの寝ている部屋の鴨居《かもい》に、こんな賞状が額に入れられて飾られていた。

賞　状

高崎支店　木闇武雄殿

貴下は自動車運転に従事し連続十二年間無事故運転の優秀な成績を収められ、よって無事故運転賞を附与し、その努力を賞します。

昭和三十五年七月一日

日本通運株式会社

代表取締役　福島敏行　㊞

私は、こんな残酷なタブローを現実に見たことがなかった。木闇さんが、今の今までポキポキと苦痛に顔をゆがめながら両膝を鳴らしていた部屋の鴨居に――。

日本通運社長の福島敏行といえば、まさしくあの日通事件の主役として逮捕された人物ではないか。木闇さんの両膝の代償で〝金の延棒〟があがなわれていた――といってもいい過ぎではないだろう。

「寒くなると痛んでねえ……。早く焼き場（火葬場）に行けばいいんだよな、痛まねえから……」

帰りぎわに独りごとのようにつぶやいた木闇さんの後ろ姿は、あまりにも悲しく、あわれだった。

私は、暗澹《あんたん》たる気持ちで、からっ風が吹きすさみ、砂塵《さじん》の舞う国道一七号線を一時間もさまよい、高崎発上野行き最終列車のボックスに腰を沈めた。チキショウ！　叫んだが、声にはならなかった。

シベリア抑留

北海道赤平《あかびら》市は、北海道のほぼ中央に位置する人口三万弱のさびれた町だ。十年ほど前までは〝炭坑の町〟として栄え、最盛期には八万数千の人口を有していた。しかし、政府のエネルギー政策の転換によって炭坑は閉山され、現在は住友赤平炭坑一坑が操業しているだけで、もはや昔日のにぎわいはない。

私は羽田から空路札幌に飛び、札幌から特急「カムイ」で、滝川に向かった。列車はおりからの吹雪のなかをゆっくりと、江別《えべつ》、岩見沢、美唄《びばい》、砂川と気の遠くなるような雪原を北上していった。鉛色の空は石狩山脈に重くたれこめる。

いつしか、数十年前、この色彩を失った雪原を北へ北へと入植していった人たちに思いをはせていた。そして数年前、訪れた釧路の郊外にある〝鎖塚《くさりづか》〟のことをも。

〝鎖塚〟とは、北海道開拓の底辺に消えてしまった囚人たちの無名碑である。

私が「一葉の写真」に写る《武山正義》さんが住んでいるであろう赤平の地に向かって走っている線路も道路も〝富国強兵《ふこくきょうへい》〟〝北海道開拓〟のスローガンのもとに〝流刑の民〟の奴隷的な労働力の血と汗、そして決して報われることのない〝死〟の上に築きあげられた〝死のロード〟なのだ。

武山さんの住む赤平は、函館本線滝川駅から富良野《ふらの》線に乗り換え、石狩川に沿って山あいに入る厳寒の地だった。駅前広場には雪が二メートルも積もり、たった今、乗ってきた列車の線路が降りしきる雪の下に消えていた。待合室の中央には赤々と燃え盛るダルマストーブ、そのそばに目だけを出した頭巾《ずきん》をかぶった無言の老女が、次の列車を待ってぽつんと座っている。

私が捜し続けた「一葉の写真」の中の武山さんは、駅前から直線に西部劇のオープンセットのように伸びる中央通りの中ほどに住んでいた。

「俺を地獄から連れにきたのか！」

訪ねた私に武山さんの表情が一瞬こわばった。それもそのはず、卒業と同時に開拓の内原に入ったまま、三十数年間、誰一人として武山さんと会うことがなかった。もちろん、「一葉の写真」に写る《池田太作》少年が、よく新聞や雑誌で見る創価学会会長池田大作氏と同一人物だとは、私が訪ねるまで知らなかったようだ。

「寒いでしょう。昨日は、零下二十二度もありましたよ」

〝地獄の使者〟でないことを知った武山さんは、急になごやかな態度になり、気さくに取材に応じてくれた。

「あなたが電話してきた時、よく私の所在《しょざい》がわかったな、もしや地獄からの電話じゃないか、空耳《そらみみ》ではなかったかと一晩中眠れなかったんです」

興奮を隠しきれないまま、一気にしゃべりだした。それは、羽田からさい果ての赤平にいたるまでの想像を絶する辛酸の三十数年だった。

武山さんは、小学校の六年の時、父が日立の下請け工場に勤めるため、出生の地、北海道・滝川を後に一家をあげて東京・糀谷に移り住んだ。開戦前の昭和十五年のことである。

武山さんも、萩中国民学校の卒業と同時に、藤井さんや庭山さんたちと開拓義勇軍に入るつもりで内原訓練所に入所した。だが、どうせ大陸に渡るんだったら〝縁の下の力持ち〟では見ばえがしないと、戦争末期に大陸の鉄道第四連隊に従軍していった。

終戦を迎えたのは牡丹江《ぼたんこう》（中国東北部、松花江《しょうかこう》の大支流）であった。当時、関東軍の第一方面軍の司令部があり、東部の中心の軍都で、《藤井昭二》さんが〝凍土〟となったと思われる通化の北方約二百五十キロの地点、ソ連との国境の近くであった。

昭和二十年八月九日午前零時——。進攻作戦を開始したソ連軍は、新京《しんきょう》（長春《ちょうしゅん》）、奉天《ほうてん》

（瀋陽）方面に求心的に進撃を続けたため、戦力の落ちていた関東軍はひとたまりもなく敗退した。戦後、ソ連当局が公表した資料によれば、俘虜《ふりょ》五十九万四千人、戦死者約八万人であった。

武山さんは俘虜五十九万四千人の中の一人であった。ソ連軍につかまり、酷寒の地、シベリアに四年間も抑留されていた。

「ハバロフスク近郊のテルマ（囚人の都）ってところで、原野のど真ん中を流れる河に沿ってある五棟の収容所だった、一棟に千人ぐらいの人が収容されていました。テルマに連れていかれる時は、三百人ずつぐらい縄《なわ》にくくられて、それはむごいものだった。しかも食いものがなかったよ。夏になるとマムシがのこのこはいだしてくるんだ。そいつを十人ぐらいで奪い合う。頭をガブッとかみ切って、つかまえたやつが血の飲んで、あとのやつは肉だよ。こわいなんていっていたら死んじまうんだからな。よく狼《おおかみ》の食い残しをかっぱらってきたり、ビタミンが欠乏するからというんで、松の葉、キノコ、シラカバの皮まで食べたよ。シラカバの皮はかすかに甘かった。それにソ連でも食糧は出してくれたよ。そう、よくってアワか大豆、ひどい時にはコンブばかりを一週間食わされた。あれはあんまり食べると口がまわらなくなってね。そんなものばかり食ってるから、みんな栄養失調になっちまって〝トリ目〟さ」

私の電話を〝地獄からの通話〟と思ったのも、当然かもしれない。

「逃げる？　とんでもない！　収容所のまわりには柵《さく》もないいんだ。監視しているソ連兵は、どうぞ、お逃げくださいといわんばかりなんだが、収容所から離れたら死んじまうんだよ、飢えと寒さで。まさに〝格子《こうし》なき牢獄《ろうごく》〟さ。もっとも、初めのうちは何人も逃げだして死んだよ。一日十人、二十人はざらだった。なかには耐えきれなくなって毒草食って自殺した人もいたよ。死体は収容所のまわりに穴掘ってな……。仕事は木を伐ったり、道路をつくったりさ」

終戦の時、武山さんは十七歳だった。いまでいえば高校二年生の少年が、四年三か月も酷寒の地、シベリアに抑留されていたのだ。戦争に青春を塗りつぶされ、心身に深い傷痕《きずあと》を残す人の悲痛な声である。

「ほれ、この膝のところが膿《う》んじまって、今じゃ、左足があまりまがらないんだ」

差し出された左足には、私の親指がスポッと入ってしまいそうな穴があいていた。

しかし、そんな収容所生活であったが、武山さんには一つほのぼのとした思い出があった。それは、収容所生活にもいくぶんなれた（？）四年目のことであった。

「看守に気にいられてね。ぜひ、娘をもらってくれ、日本なんかに帰るな、つまらないよ、ソ連で暮らせっていわれましてね。私はやはり日本に帰りたい気持ちに変わりがなかったから、帰るんだ、日本へ！　って、ふりきって帰ってきたんですが、港まで見送りにきてくれましたよ、看守と娘さんが……。しかし、何度帰されると聞かされても、実際に船に乗るまで信じられなかった。トラックに乗せられても、もっともっと山奥に送られるんじゃないかって気がしてな」

昭和二十四年十一月、舞鶴《まいづる》に引き揚げた武山さんは、生まれ故郷の北海道・滝川に帰った。まさに〝地獄からの生還〟であった。が、閉鎖的な町では、一心不乱に働いても、いったん押された〝シベリア抑留者〟の烙印《らくいん》を消すことは容易ではなかった。

「あいつはアカだっていわれ、どこに行くのにも警察がつけていましたからね。実際にはアカじゃないんですが……。洗脳はされましたよ。マルクス・レーニン主義をみっちり学習させられましたから……」

当時、日本はレッド・パージの嵐《あらし》が猛威をふるっていた。当然のことながらマルクス・レーニン主義をみっちり学習させられた武山さんを迎えてくれる職場はなかった。自分自身で生きていく道を捜しだしていくほかなかったという。

現在の武山さんは、北海道特有のストーブの煙突を造る板金の仕事をするかたわら、損害保険の代理店を営んでいる。武山さんの辛酸の〝昭和史〟の取材を終わって帰ろうとしていた私に、武山さんは一言、ぽつりといった。

「今の世の中見ていると、また私みたいな人が出るのじゃないかって心配しているんですよ。青春のいちばん大事な時に、〝人殺し〟を教えられて大陸の送られ、あげくの果てはシベリアに四年ですよ。それで帰ってくれば、働くところもなくって……。日本には私みたいな人が何人もいるんですよ。」

武山さんの顔には怒りが満ちていた。

私は武山さんの家を辞し、赤平を後にして、札幌に向かった。道は雪原の暗い彼方に一直線に伸び、闇に降りしきる雪は黒かった。

座標

三十数年前に別れたままであった同級生たち一人ずつの話にじっと耳を傾けて聞いていた池田氏は、感慨深《かんがいぶか》げに、改めて「一葉の写真」に見入った。そして、

「流転しておられたんですか、なるほど。想像できる性格もありましたね。非常にスケールの大きな少年でした。気性はちょっと大胆なところがありましたね。そうですか、武山さんは、シベリアに行かれておったんですか……。又右衛門さんは大田区にいないんですか、今は考えられません。反発すべき個性の人物でしたから……ですから彼なども順調にいけば大変な人物です。すし屋の吉沢君、行ってあげたいな、店に。

浦野君は不明ですか、この人は野球の気違いだったんです。私はよくテレビなんかで野球を見ていましてね、浦野君が出てくるかなあ、どうしているかなあと、いつでも思ってました。今でも忘れられないのは浦野君のコーチです。野球選手になれば、彼なんか大変

だったでしょうねえ。正木君も不明ですか、正木君も人気者だったんです。よくうちにも遊びにきましたし、私も行ったんです。及川君も不明……、しかし私の組は私も含めてみんな苦労してますね。ほんとうにワリを食った世代です。それは私もその世界にかえれば、声を大にしていいたいですね。使われきって、まさしく犠牲です」

池田氏は幼いことの友たちの私的な〝昭和史〟を、いまさらのように思いかえしていた。

「一葉の写真」は、池田氏の〝根〟である。それはとりもなおさず、同世代に生きた人々の〝根〟でもある。氏は私の取材が終わった後の春先のある夜、羽田周辺を「一葉の写真」を持って、往時に思いをめぐらしながら一人で歩いたという。

通学路になっていた産業道路、今はない〝幻の学校〟の校庭、同級生たちと泳いだ多摩川、〝産業戦士〟として働いた新潟鉄工所、創価学会に入った森ケ崎一帯……氏にとってどれ一つとして忘れることのできない場所であり、忘れてはならない場所でもある。

そして五十一年七月、常泉寺で行われた「大法要」では、同級生の中で幼くして死んでいった友たちの法要を行った。

私はそれを知った時、〝人間池田大作〟の〝存在の根〟が、この「一葉の写真」にあったことを確信した。

空襲

さてここで池田氏を含めた四十四人の同級生やその家族、いや日本国民のほとんどが火の海を逃げまどい、死線をさまよい、彼らの母校を〝幻の学校〟にし、生まれ育った町を〝消された町〟にしてしまったあの空襲とは、いったいどんな状況であったのか。

手元にある資料（「軍・政府（日米）公式記録集　東京大空襲戦災誌」東京空襲を記録する会編）の中から彼らの学校を焼き、家を焼き払った昭和二十年四月十五日の大空襲の経過を紹介しておこう。

「警視庁消防部空襲災害状況」と「警視庁警備総第一三六号」によれば、

一、警戒警報発令　午後九時二十分
　空襲警報発令　同　十時〇三分

空襲　　　　　　　同　十時十五分
同解除　　　　　　翌朝一時十分
警戒警報解除　同　一時十五分

二、来襲敵機
Ｂ29　　　　　　　二〇〇機

三、敵機来襲状況
敵Ｂ29約二〇〇機ハ南方海上ヨリ房総半島南部或ハ相模湾ヲ経テ十五日二十二時頃ヨリ単機又ハ少数機ヲ以テ逐次京浜地区ニ侵入シ高度二〇〇〇乃至五〇〇〇米ヨリ主トシテ帝都西南部地域ニ爆弾焼夷弾ヲ投下セルモ我制空部隊ノ激撃ヲ受ケ十六日一時三分頃迄ニ房総方面ヨリ東南方海上ニ遁走セリ

四、投下弾
爆弾五〇〇瓩級三〇個、二五〇瓩級三二個、一〇〇瓩級四個、五〇瓩級二個、焼夷弾油脂一〇〇ポンド四八〇個、二・八瓩六一、九〇二個

五、気象
天候晴　風位風力南軟　湿度六三％

六、焼失区域

大森、目黒、蒲田、麻布、芝、荏原、世田谷区ノ各大部、渋谷、向島、日本橋、江戸川区ノ各一部

七、焼失面積
五二、四七〇棟、六〇、六九四世帯、一、一〇三、六二三坪

八、主トシテ油脂小型焼夷弾ニヨリ一部ニ爆弾ヲ混投、連続波状打撃ヲ行ヒタル為メ被害地域ハ瞬時ニ多発火災発生セリ、民防空ハ全ク戦意喪失シ見ルベキモノナク向島、江戸川、日本橋ノ各区ヲ除キ他ハ合流火災トナリ広範囲ニ亘リ焼失セシメタリ

桜の花がひらひらと散り始めた春たけなわの夜、B29二百機によって爆弾、焼夷弾の無差別攻撃を受け〝紙の家〟といわれた日本の家屋はひとたまりもなかった。当時の蒲田区(現、大田区)は、羽田空港を除いた全域が〝火の海〟と化し、五万八千七百二十九戸あった家屋が一瞬にして三万五千戸焼失し(東京全区で六万八千四百四十二戸焼失したので、その半分以上が蒲田区であった)、負傷者一千七百四十九名、死者五百二十五名という多数の犠牲者を出した。罹災《りさい》者は十四万七千三百十六名にものぼった。もちろん、池田氏の家も学校も勤めていた新潟鉄工所も灰燼《じん》に帰していた。

戦後、この無差別攻撃の作戦を指揮した〝鬼畜ルメイ〟と呼ばれたカーチス・E・ルメ

イは、この作戦を「カーペット・ボンビング」すなわち絨毯《じゅうたん》爆撃と名づけた。また、アメリカの新聞や雑誌は「世界で最大の火災」の見出しで、次のように報じた。
「アメリカ人の飛行士たちは、自分たちの下にひろがる十五平方マイルの炎の絨毯を見ながら、ほとんど自分の目を信じることができなかった。〔……〕炎は大層高く立ちのぼったので飛行士たちは、その光で時計の文字板を読みとれるほどだった。世界の三大都市東京は、パチパチと音をたてるごとく燃え、日本はびっくり仰天した」（タイム）
「東京のラジオは『神聖なる皇居の庭の神聖なる茶屋、そして赤坂離宮の神聖なる庭園が破壊された』とせき込んで伝えた」（タイム）
「避難民たちは自分の家財道具をトラックから人力車まで何でも投げ込み、街のゴミゴミした道を埋めつくしている終わりのない人の流れの中を……」（ニューズウイーク）
などと住民の様を報道し、日本帝国主義の「破滅的な宿命の象徴」（タイム）であったと評論した。
日本の大本営は、
「B29約二百機を激撃、七十機を撃墜、五十機以上に大損害を与えた」と発表したが、米軍の発表によれば「二機が不幸にも……」であった。大本営は「人員の被害は、帝都、神奈川県下共幸い極めて僅少であった」とぬけぬけと発表し、「なお最近たびかさなる被害によって徒らに地方転出に焦燥している者〔……〕かくの如き者は一人でもあってはならない。疎開の要なきものは踏み止まり生産と初期防火に敢闘しなければならない」と国民の動揺をおさえようとしていた。

しかし、たびかさなる空襲で東京は焦土と化し、戦後作成された経済安定本部（経済企画庁の前身）の「太平洋戦争による我国の被害総合報告書」によれば、空襲による東京の被害者は二十一万一千八百四人にものぼり、うち死者は九万五千三百七十四人に達した。あの原爆を投下された広島の死者（七万八千百五十人）を一万七千人も上まわったのである。が、実際の被害者は無味乾燥な数字ではあらわすことができないほど、庶民の生活や心身に痕跡を残している。

このような膨大な被害を出した爆撃の主役をなしたB29は「超空の要塞《スーパー・フォートレス》」と呼ばれ、日本の新聞は〝酷翼〟とののしったが、皮肉にも、あのジャンボ機で親しまれているボーイング社が長距離爆撃機として太平洋戦争、とくに日本本土攻撃用として開発したものである。「B29」の著書で知られるガール・パーガーは、同書の中で、B29についてこう書いている。

「太平洋戦争の後半十五か月間に、のべ実に三万四千七百九十機が出撃したB29は、四発、全長三十・二メートル、全幅四十三・一メートル、自重三万一千六百キロ、爆弾四千ポンド（千八百キロ）も搭載《とうさい》できた。〔……〕第二次大戦終了時三千七百機以上も保有され、戦後も一九四八年の夏の〝ベルリン空輸〟や朝鮮戦争にも登場した」

が、その後B36やベトナム戦争で活躍した〝黒い翼〟B52の開発などで任務を終え、アリゾナの砂漠《さばく》で切断、解体、廃棄された。東京大空襲、そして広島、長崎を一瞬のうちに〝死の都市〟とせしめたあのB29も、こうして第一線から退いたのである。

もう一つの主役、焼夷弾M69は、一九四二年（昭和十七年）に米軍が〝紙の家〟が密集した日本本土攻撃用として開発された油脂爆弾である。ナフサネートとヤシ油などの脂に水素を添加してつくったパーム油、それに亜鉛、鉛、燐《りん》、ガソリンなどを配合してゼリー状油脂とし、これを六角形の金属筒に充填《じゅうてん》したもので、着地と同時に頭部横にある信管《しんかん》が作動して頭部の炸薬に点火すると、ガーゼ状の袋に入った油脂の袋が破れ、後部のふたを吹き飛ばして外にまき散らされ、家屋の天井や壁に付着して燃える。一発の親弾には四十八発が束になっていて、B29から投下されると三百メートル上空で親弾からわかれ、尾翼の役目をしているリボンに火がつき〝火の雨〟が降るように見えるのである。

「超空の要塞」から焼夷弾を雨のように降り注がれ、火の海と化した死の街を池田氏を含めた同級生たちは、防空壕《ぼうくうごう》から防空壕へと逃げまどったに違いない。

池田氏によれば、

「国民学校の近くに今でも消防署がありますが、そこの消防車がウーウー鳴らしながら猛スピードでやってきた。二十分ぐらいかかるところを五分間ぐらいの感じでバァーッとやってきて、消し始めた。そこにバンバン落ちるんですよ。それで近所の人が、この辺は危

空襲の時、池田氏が船で逃げた香川にかかる「藤兵衛橋」。この橋を渡ると森ヶ崎だ

ないからというので、ちりぢりばらばらに逃げたんです、布団とバケツを持って。おやじは馬込《まごめ》にうちがありますから心配して、そっちのほうに行ったらしい。お袋と弟、妹たちは大森のほうへ行く。私は森ヶ崎に家作が一軒あるからそちらのほうに行くというので、別れてしまったんです。これには今でも後悔しています。私は森ヶ崎に行く途中、やはりいくつか爆弾が落ちて、途中船の上に乗ったり降りたりしながら、香川《のみかわ》という川をずっと下ったわけです。羽田の飛行場が燃えるところが見えました。

ところが、翌日の朝九時になっても十時になっても、みんな集まらないんです。近所の人も途中で死んだ人もいますし、心配で、おやじもお袋もみんな

全滅になったかと思ってほんとうにその時はくやみました。ああ、お袋のそばにいてやればよかった、おやじのそばにいてやればよかったと思いました。歳をとってましたから。十一時ごろになってから、やっとお袋がきた。安心しましたけど、『おやじはだめかもしれない、向こうはひどいようだから』と話したりしていましたので、とにかくなんにも食べるものがないし、ぼうっとしていると、一時ごろになっておやじが帰ってきて、『よかった、よかった』でした」

その時のことを池田氏は、氏の自叙伝ともいえる「人間革命」に書こうと思ったが、思い出すのが恐ろしくて、いやで、苦しくて、情けなくて書けなかったという。

氏は糀谷の家を焼かれただけでなく〝産業戦士〟として働いていた新潟鉄工所も、疎開した馬込（大田区）の叔父の家も、焼け跡に急造して家財道具全部運び込んだバラックさえも焼夷弾にやられてしまった。その時の怖さを、

「お袋の妹と叔母と十人ぐらいで七、八分、裏の防空壕《ごう》に入っていたらバァーンと音がした。『落ちた！』というので飛び出して消し始めたけれども、一向に受けつけない。手押《てお》しポンプでやったってだめなんです。消化槽の水なんかすぐになくなってしまうし、焼けトタンの屋根でしょう、危なくて登っていけないんですよ。その時、弟が焼けている家の中に入ってカバンだけ持ってきた。しかし、私は意気地《いくじ》がないものですから、やっと玄関

にあった荷物を一個持って出ただけでした」

と今さらのように語る。「私の履歴書」にも、その時の模様が書かれている。

「翌朝、茫然《ぼうぜん》としつつ、みんなで焼け跡を片づけた。長持ちも開けられた。ただ一つ残った唯一の財産である。ところが開けてみて唖然《あぜん》とした。それはひな人形の入った長持ちで、コウモリ傘《がさ》一本、申しわけなさそうに入っていた。必死で持ち出したのが、ひな人形とは。心の落差は大きかった」

小説「人間革命」（現9巻）を執筆する池田氏
（聖教新聞・寮）

まだくすぶり続ける焼け野原の中で、ひな人形を片手に持って茫然《ぼうぜん》と立ちつくす氏の姿が目に浮かぶようだ。

池田氏は「人間革命」の冒頭に「戦争ほど残酷なものはない、戦争ほど悲惨なものはない」と書きだしている。そして、「愚《おろ》かな指導者たちにひきいられた国民もまた、まことにあわれである。人びとは、八年におよぶ戦火に、親を失い、子を失っても、その苦しみに堪《た》えてきた……」と。「人間革命」は、まだ完結をみない氏の〝人間革命〟の記録であるが、その〝思想と行動〟の根底には反戦平和への願いが脈々《みゃくみゃく》と流れている。それは、萩中国民学校から時勢の激流に飲み込まれ〝産業戦士〟として油と汗にまみれ、火の海の真っただ中を逃げまどい、死臭漂う瓦礫《がれき》の山を飢えと悪寒《おかん》、そして血痰《けったん》に悩まされ、たえず死を意識しながらさまよい歩いたいまわしい原体験から発生していることはいうまでもあるまい。

池田氏は国内はもとより、生前の中国の周恩来《しゅうおんらい》首相、ソ連のコスイギン首相、アメリカのキッシンジャー前国務長官など、世界の指導者と相ついで会談し、反戦平和のアピールを続けている。そして、今は故人となってしまったアーノルド・トインビーやアンドレ・マルローなどの哲学者、文化人たちと〝二十一世紀〟を語り、〝人間の条件〟を思考しあっている。こうした一連の行動の原点も、あるいは「一葉の写真」の時代に根づいていたのではなかろうか――。

終戦

昭和二十年八月十五日――終戦。

日中戦争から太平洋戦争へと、八年の長きにわたった無謀《むぼう》な戦争にピリオドが打たれた。強い国〝神国《しんこく》日本〟が、この日を期して弱い、ただの〝敗戦国〟に転落した日であった。明治維新以後、西欧先進列強諸国に〝追いつけ追いこせ〟の富国強兵政策の落とし子「軍閥」の崩壊の日であり、すべての国民生活の根底に深くしみわたっていた「天皇」が「人間天皇」になることを余儀なくされた日であった。

そして昭和史の大きな区切りであり、「一葉の写真」に写る人たちの私的な〝昭和史〟に鮮烈にきりつけられた、癒《い》えることのない痕でもあった。

「胸の中は青空、頭の中は困難、全体としては暗く、どう生きるかという形容しがたい感情の交差がございました。弟はわんわん泣いていていました。私は泣けないんです」

複雑な気持ちで迎えた池田氏の終戦だったが、戦後の生活は他の同級生と同じように苦しく暗かった。敗戦と同時に巷には、復員、引き揚げ者と相まって一千万人の失業者があふれだしていた。とくに食糧危機は国民の生存をもおびやかし、主食は米からジャガイモ、サツマイモ、脱脂大豆《だっし》、トウモロコシなどに変えられていった。そして昭和二十一年には国民生活のひっ迫は極限に達し、その惨状は目を覆うばかりであった。国民の栄養失調は一般化し、餓死者もあらわれていた。

人々はただ生きるだけが精いっぱいだった。食糧ばかりか、衣料も住む家もなかった。引き揚げ者や戦災孤児《せんさいこじ》、浮浪者たちが街にあふれ、死臭ただよう瓦礫《がれき》の中で一片のイモを奪い合い、進駐した兵隊に「ヘイ、チューインガム」と子どもたちが群がり、路上に吐きだされたガムを十数人が奪いあうといった光景もみられた。

私自身も、終戦は四歳の夏であった。少々の物心はついていた。天皇の「耐《た》え難《がた》きを耐《た》え……」を聞いた記憶はないが、ただ子ども心に「腹減った！」だけが実感として体の中に残っている〝飢餓世代〟である。「一葉の写真」に写る人たちが逃げまどった空襲は、『花火よりきれいだった』とだけ記憶している。

だが、今でもいまわしい記憶として思い出すのは、家の前の多摩川を真夏の太陽に照りつけられながら、腐りかけた数体の死体が漂流していたことである。死体はいつしか、岸に漂着して〝土〟と化してしまった。そこは多摩川の河口、羽田空港を望む〝五十間《ごじゅっけん》〟と呼ばれている地で、現在は一本の無名碑が潮風に吹かれて立っている。この碑を見るたびに、あの幼かった夏の日に見た数体の死体が私の脳裏に鮮明に浮かびだす。

話を池田氏にもどそう。氏の勤めたいた軍需工場・新潟鉄工所も、終戦で一時閉鎖になってしまっていた。

「当時は大変な就職難でした。ところが、東洋内燃機の川崎工場が新潟鉄工所に働いていた人を十数人（田中義章さんもこの一人）選んでくれ、私もその中に入れてくれたんです。でも、私はちょっと遠いし、失礼してしまったんです。当時、私は吉川英治《よしかわえいじ》が好きでしたし、吉川英治が印刷所の工員をやりながら文章を書いておられたことを聞いて憧れておりました。たまたま新潟鉄工所にいた時に知り合った人が昭文堂という印刷所の社長さんを知っていたことと、その社長さんからどうしても三人ほど人がほしいといわれたんです。で、印刷の仕事のほうがいい、ことによったら文学者にも会えるかもしれない、などと思ったわけです。しかし、昭文堂はそんな大きな印刷所ではなかったんです」

氏が東洋内燃機から昭文堂に移ったのは、年も明けた昭和二十一年正月、十八歳の時であった。吉川英治に憧れ、会えるかもしれないと思って入ったその昭文堂は西新橋にあった。従業員数人の家内工業的な印刷所で、残念ながら吉川英治や長谷川伸《しん》などの小説を印刷するような印刷所ではなかったのである。経営者は山梨県出身の黒部武男さんという人であった。

昭文堂は、森ケ崎に住んでいた氏にとって、通勤するのにそれほど交通の便が悪くはなかった。朝六時半ごろに起きて三十分くらい歩くと京浜急行の梅屋敷《うめやしき》駅に着いた。そこから品川駅に出て国電に乗り換え、新橋駅で下車していた。当時の新橋界隈《かいわい》は、駅前には浮浪者、戦災孤児があふれ、闇市には〝銀座警察〟と呼ばれていた暴力団が巣を食い、街のアンチャンたちが跋扈《ばっこ》し、よく在日朝鮮人と対立していた。

氏の主な仕事は、お得意から注文をとり、図面にトレースして工員さんに渡し、刷り上がりを校正することであった。注文は、いわゆるハモノといわれた伝票や申請書などが多かった。六本木にあった東洋英和女学院などに自転車を走らせ、印刷したての成績表、出欠簿、各種証書を届けたりする、要するに〝町の印刷屋さん〟の下働きであった。

池田氏は、著名な作家に会えるかもしれない、と思って勤めた印刷所の毎日の仕事が、商店の伝票や学校の成績簿を刷るだけの自分の望みと違った職場だったことに少なからず失望した。それに池田家は、出征していった四人の兄たちが復員せず、幼い弟や妹を抱えた母、一《いち》さんの負担はかさむばかりだった。氏自身も戦時中の病魔がまだ、ひ弱い肉体に巣食ったままで、毎日、寝汗と血痰に悩まされ続けていた。そして精神的苦悩がそれに加わった。なすすべがなく、不安な日々を送っていた。

「そんなある日、私の足は神田の古本屋街へ向かっていた。駿河台の丘の上に立って、焼け落ちたビルをながめていると肩をたたく人がいた。私と親しくしていた友人の先輩でした」

東洋商業時代の池田氏（最前列左から2人目）

その人の紹介で、氏は神田三崎町にあった東洋商業夜間部の二年生に中途入学した。好きな読書も、あの混乱の最中ではできるはずもなく、戦時下に通学した萩中国民学校は、学校とはいえ本格的な授業などほとんどやらず、「皇国の錬成」を目的とした修身と教練に終始していた。
「そうだ、ともかく学校に行こう、もう一度やり直そう」――向学心のある青年なら、そう思うのは当然である。氏は学校に行くことによって、貧困と病身に悩んでいた人生に、わずかでもいい、光を見いだそうとした。
しかし、昭文堂、東洋商業ともに、氏のかすかな憧れを打ちくだいていった。氏は昭文堂をやめた。

「私は就職には困らなかったんですが、やめるのに大変苦労しまして、昭文堂も半年かかって、身体がもたないからということでやめ、うちの近くにある『蒲田工業会』に入ったわけなんです。ほんとうは、私は少しの間、休んで身体をなおそうと思っておったんですが、主事の方に、もう採用したんだからきてくれないかといわれ、私も蒲田の付近で育ったことだし、お世話にもなったんだから、蒲田のために少しでも貢献させていただこう……そう思って、遊びかたがたということで『蒲田工業会』に行きました」

昭文堂をやめて、蒲田工業会に入ったのは、東洋商業を卒業した昭和二十二年三月であった。蒲田工業会は、氏が〝産業戦士〟としてシャーリングや旋盤に取り組んでいた新潟鉄工所から環状八号線を羽田方向へ向かった右側に新しく会館を建設して今もあるが、当時は京浜急行蒲田駅から氏の住んでいた森ヶ崎の方向に抜ける細い道路に面したところにあった。昭和二十二年、戦災で破壊された蒲田地区の九十社の中小企業工場の再建と復興をはかる目的で設立されたもので、氏はそこの事務員となった。仕事は書類の整理や加盟業者への社会保険の指導兼お茶くみであった。

当時は〝象徴天皇制と戦争放棄〟の新憲法が公布され、天皇絶対であった支配体制は完全に崩壊し、民主勢力は〝天皇の台所公開〟〝米よこせ〟を叫び、赤旗を振って〝聖地〟

宮城内に押し入り〝食糧メーデー〟が二十五万人を動員して行われた。世相は暗く退廃的《たいはいてき》なエログロ・ナンセンスが盛んで、日本最初の〝額ぶちショー〟が話題を呼んだ。庶民はカストリ焼酎《しょうちゅう》を飲み、カストリ雑誌をむさぼり読んでいた。

また、売春婦を通じて不可解な英語が氾濫《はんらん》、「オー、ワンダフル　ベリーマッチ」「オー、マイ　ダーリン　グッドナイト」とあやしげな会話が横行した。占領下の半植民地的環境を反映して、黒人のリズムを取り入れたブギウギが大流行し、とくに笠置《かさぎ》シヅ子の「東京ブギウギ」「買物ブギ」などが大ヒットした。

こうした世相の中では、誰もが生きる〝確信〟をもてず、精神的にも生活面においても混迷の極にあった。すべての人が人生の何かを求めて抱懐していたようである。

当時、池田氏は、糀谷の家を戦災で失っていたので、森ケ崎に住んでいた。森ケ崎は、こうした状態にあった氏に、生きる〝確信〟を植えつける〝男〟に出会った記念すべき舞台でもあるので、ここで少々説明しておこう。

氏は森ケ崎と当時の感情を「私の履歴書」にこう書いている。

「国破れて山河在り　城春にして草木深し　時に感じては花にも涙を濺《そそ》ぎ……この有名な杜甫《とほ》の詩『春望《しゅんぼう》』がふと浮かんできた。これは、敗戦の焦土に生きる十代の青年にとって実感であったといえよう。私は、森ケ崎の海岸をよく友人と歩いていた。夜の浜は磯の香高く、微風がほおをそっとなでる。打ち寄せる波は、冴えた月光に照らされて、時に銀色に輝いた」

その森ヶ崎海岸とは、前にも触れたとおり〝わが町・羽田〟から大森方面へ東京湾沿いに行ったところで、当時、大森に住んでいた作家の尾崎士郎《おざきしろう》が小説「京浜国道」の中で、昭和初年ごろの森ヶ崎を次のように書いている。

「森ヶ崎が次第に時代の表面にうかびあがったのは、気まぐれな男が、大森海岸の砂風呂で一応遊びあきてか、河岸《かし》を変えて飲みなおすために、もっとも金がかからぬ場所だという評判が立ってからである」

これは、森ヶ崎の鉱泉脈の温泉があって、ポプラ並木にかこまれた鉱泉宿兼料理店が、関東大震災後に五十軒もあった時の話である。また、明治時代の自然主義作家、田山花袋が「一日の行楽」で、

「森ヶ崎は、京浜電車の蒲田停留所から下りて、海の方へ十町ほど行く。ここも矢張《やはり》新しく開けたところだが、世離れているのと海が近いのとで、静かに一夜を過しに行くものがかなり多い。〔……。〕旅館兼料理屋が多く、大抵はつれ込みを目的にしているのである」

と書いている。

要するに、開拓された地に鉱泉が吹き出したので、料理屋や旅館が建ち並び、歓楽街と

して栄えていた場所で、別名「洲渚」とも呼ばれていた。現在でもそのなごりの料理屋兼旅館が二軒ほどあるが、尾崎士郎や田山花袋の書いた遊里の感はない。

そんな鉱泉宿で、弾圧下の共産党の徳田《とくだ》球一《きゅういち》たちが集まり、第一次共産党解党の決議が大正十三年八月十八日に行われている。それはさておき、以上は戦前の話で、氏が移り住んだころの森ヶ崎には昔日の面影はすでになく、尾崎士郎は、

「……空襲の被害だけは辛うじてまぬがれたものの、戦時中、軍備工場の工員宿舎にあてられていた鉱泉宿は、ほとんど一軒残らず戦災で家を失なった人達や、集団生活をしている第三国人の寄合住宅に変り、趣向をこらした庭は無残にも掘りかえされて、大根畑やとうもろこしの畑になっている。どの家も、戸は破れ、障子はこわされて見るかげもなく……」

と書いている。

池田氏が友と語り合った森ヶ崎海岸。現在はその面影はない

池田氏は、その近くの一角に住んでいた。ともかく現在の森ケ崎は遊里として栄えた面影など微塵《みじん》すらない。中小工場が建ち並ぶ工場地帯にすっかり変貌し、氏が杜甫の「春望」を思い出した海岸は、高速道路やモノレールが縦横に走り、その先に三キロに及ぶ埋め立て地が造成され、工場、倉庫などがところ狭しと建ち並んでいる。

最近、創価学会の会合でよく「森ケ崎海岸」という歌が愛唱されている。この歌の作詞は、池田氏の著書「人間革命」の主人公・山本伸一になっているが、実はこの詩は氏自身が森ケ崎に住んでいた十九歳の時に、キリスト教の道に入っていく級友との別離を惜しんでうたったものなのである。当時、感傷的になっていた池田氏の一面がロマンチックにうたわれているので紹介しておこう。

「森《もり》ケ崎海岸《さきかいがん》」

山本伸一・作詞
本田隆美・作曲

岸辺に友と　森ケ崎
磯の香高く　波かえし

十九の青春　道まよい
哲学語り　時は過ぐ

友は悩めり　貧しけれ
基督《キリスト》の道　われ行くと
瞳きびしく　月映えて
つよき鼓動に　波寄せり

崩れし土手に　草深く
いかなる虫か　知らねども
今宵は詩歌《しいか》を　つくらんと
楽《がく》平安の　念《おも》いあり

されども友は　黙しけん
いかに生きなば　わがいのち
深園《しんえん》の月に　飛びゆかん

涙を拭い　悲歎あり

友の孤愁に　われもまた
無限の願望　人生を
苦しみ開くと　誓いしに
友は微笑み　約《やく》しけん

友の求むる　遠き世に
たがうも吾《わ》れは　己が道
長歌の舞台　涯しなく
白髪までも月語る

君に幸あれ　わが友よ
つぎに会う日は　いつの日か
無言のうちの　離別旅
銀波ゆれゆく　森ケ崎

池田氏にとって森ケ崎は、他の会員たちの誰よりも、心の底に深く、刻み込まれているにちがいない。それは恩師、戸田城聖との運命的な出あいをした場所だったからである。

入信

「私の人生に、この日戸田城聖先生という恩師にあわなかったとしたら、今日の私は、無にひとしい存在であったにちがいない」

池田氏の著にある〝この日〟とは、昭和二十二年の八月十四日、十九歳の時であった。

そのころ、氏の住んでいた森ヶ崎に、付近に住む二十歳から三十歳ぐらいまでの学生や技術者、工員、公務員などが十人ほど集まる読書サークルがあった。当時、若い人たちの間では、全国的に○○会とか××サークルなどと名称をつけたグループを持つことがはやり、読書会やダンスパーティーが盛んに開かれていた。それは若い人たちにとって憩いの場であり、唯一の男女交際の場でもあった。氏の入っていたグループ「郷友会」は、主として文学書や哲学書、伝記などに興味をもつ同好の士が集まり、ときどき読書討論などもやっていた。氏はグループの中でも熱心なメンバーの一人であった。

当時の気持ちを氏はこう語る。

「戦後、知識を求めようとする気持ちが強くなりました。それで夜学にも行ったんです。どうなるかわからないけれど、書きたい、読みたいと思いました。ですから、たとえば倉田百三の『愛と認識との出発』とか『善の研究』などをむさぼり読んだものです。ほんとうに死ぬかどうかわからないけれども、空白を埋めたかったのです。もう一つは、主義主張を越えて、自分の個性を、魂をつかんでくれる人がほしかったんです」

そんな氏の個性を、そして魂をつかみ込んだのが、創価学会会長戸田城聖その人であった。その時のことを、氏は自らの著書で、

「私には、このグループのほかに、小学校時代からの友人で、時折り訪ねてくる仲間があった。そして、その日、その友人の家で『生命の哲学について』の会があるからと、誘われたのである。この時、戸田城聖という名を、はじめて耳にしたのであった。

私は好奇心から誘われるままに、読書仲間もつれてでかけたのである」

この友人とは、北糀谷に住んでいた三宅さんとその両親であった。

「やや嗄《しわが》れた声で、屈託なく語っているのは、四十代の人であった。度の強い厚い眼鏡が光り、広い額は、すっきりと秀でている。〔……。〕戸田先生は、私がそれまでにあった、どのタイプにも属さない人であった。ぶっきら棒のような口調でありながら、限りない温

さを感じられた」

　氏は初めての出あいから戸田城聖に傾倒していった。

「話が終わると、友人一家は私を先生に紹介した。先生は、ほう、といいながら、眼鏡の奥から眼を光らせて、一瞬、私の顔をまじまじと見てとった。そして、何かを知ったように、なんとも人懐こい微笑をうかべていったのである。

『君いくつになったかね』

　私の旧知の感情は、即座に答えた。

『十九歳です』

『十九歳といえば、僕が東京に出てきた時だ。北海道から、おのぼりさんで、はじめて東京に出てきたんだよ……』

　先生はその時、仁丹《じんたん》をかみながら、煙草をふかしていたと記憶する。私は、そのころ抱いていた、人生上の、また社会のいくつかの疑問を自然に質問せざるを得なくなっていた。正しい人生とはどういう人生をいうのですか。真の愛国者とは？　天皇制について？　仏法の真髄とは？」

　五時間近くも、宿命、死、信仰、生きがい等々の確信に満ちた話を聞かされた氏は、ある使命感に目ざめたかのように、その教えと人柄に感動し、傾倒していったという。

そして、この夜から十日後、東京・中野の歓喜寮《かんきりょう》で、日蓮正宗に入信、創価学会員になった。昭和二十二年八月二十四日のことである。だが、戸田城聖との運命的な出あいの日から入信の日までの十日間は、氏の口からもあまり多くは語られない。厚いベールにつつまれた十日間である。

池田氏は、初めから熱心な会員ではなかったようだ。その当時の感情の起伏《きふく》を、私にこう語った。

「私は茫漠《ぼうばく》としていまして、戦争中の牢屋《ろうや》から出てきた人は信じられるんだろうという漠然とした気持ちがあったんですが、友人の誘いで戸田城聖という人に会ってみたところ、てらいなく、心をうまくつかんで理解してくれたということです。

第2代創価学会会長・戸田城聖氏。
池田氏にとっては恩師である

法華経《ほけきょう》がどうの、日蓮正宗がどうのとかいうことは、ぜんぜん考えませんでした。人です。戸田城聖という人でした。初めは、仏法なんてばかにしておりました。しかし、子どもなりに、あの『確信』はなんなのか、確信のない時代に、それだけは大変に心をうたれました。初めは『だまされてもいい』、でもあの『確信』がなんであるか知りたかったんです。だから、一年ぐらいはあまり活動にも参加しませんでした。この道に入っていくと、大変なことになる、病弱の自分にやりとおせるだろうか、ほんとうは自信がなかったんです。でもわたしは退転しなかった。自分で自分を訓練したんです」

それに、池田家は代々真言宗であり、父の子之吉さんは不動明王《ふどうみょうおう》の熱心な信者であったために、氏の日蓮正宗への入信を「いっぺんも怒りはしなかった」と氏は語っているものの、実際のところ「なにも知らないくせに」と、あまりいい顔はしなかったらしい。それに家をついだ二男の増雄さんが、最近まで学会が大きらいで「いつも弟がお題目《だいもく》ばかり上げて困る」ともらしていたという。

そんな事情からか、氏は入信して二年目には、森ヶ崎の家を出て大森駅近くでアパート生活をしている。

「あの時は大変でした。家業の海苔《のり》の手伝いもしなくてはなりませんでしたし、活動もしなくてはいけませんでしたから」

当時、氏は蒲田工業会に勤めるかたわら、大世学院（現、富士短期大学）の政経科夜間部に入学していた。氏が入信した時代は、政治的にも社会的にも激動の時で、入信した客観的な条件がそうした時代の中にあったといえなくもない。

世界は〝鉄のカーテン〟〝冷たい戦争〟と米ソの対立が顕在化し、大陸では〝冷たい戦争〟の谷間に新生中国が芽をふきだし、人民解放軍が勢力をひろげながら、新たな共産主義の大国が出現しようとしていた。国内では象徴天皇制と戦争放棄の新憲法が施行され、総選挙が行われて衆議院では社会党が第一党となって、片山哲《かたやまてつ》を首相とする社会、民主、国民協同党の三党連立内閣が成立していた。だが、片山内閣は経済危機や労働問題の解決に失敗し、わずか十か月で退陣していった。

翌年、芦田均《あしだひとし》内閣にかわったが、これも昭電疑獄《しょうでんぎごく》などが原因してわずか七か月で崩壊し、ワンマン宰相・吉田茂第二次内閣にかわっていった。その陰には、占領軍のGHQの暗躍がささやかれていた。

一方、国民生活は、物価は急ピッチで上昇し、闇価格が大手を振ってまかり通った。闇成り金が笑いころげ、給料生活者や労働者の生活はまったく破滅的な打撃をこうむった。

このような混とんとした社会を反映し、新憲法で信教の自由が保証されたこともあって、新興宗教が雨後のタケノコのごとく排出、いわゆる第三次新興宗教ブームが巻き起こった。〝神々のラッシュアワー〟などといわれたころである。

池田氏の入会した創価学会は、氏の生まれてまもない昭和五年十一月十八日、創価学会の前身、創価教育学会が芝の白金小学校校長、牧口常三郎《まきぐちつねざぶろう》によって創立され、会員はほとんど教員グループで構成されていた。第二代会長戸田城聖も、当時は城外と名のって、設立メンバーの一人であった。一時は会員五千人ほどになったが、〝神の国〟の中ではどうしても神道中心であり、学会の急激な伸びはなかった。そればかりか昭和十八年七月六日、牧口会長以下幹部二十一名が、治安維持法違反ならびに不敬罪《ふけいざい》で逮捕され、下獄《げごく》した。

牧口会長は不幸にも、昭和十九年十一月十八日獄死したが、当時、創価教育学会の理事長であった戸田城外は、二十年七月三日、豊多摩刑務所（現、中野刑務所）を出獄した。出獄した戸田城外は、名を城聖と改め、東京・西神田に「日本正学館」の仮事務所を開設して通信教育事業を開始した。そして二十一年三月、会の名称を創価教育学会から「創価学会」に改称し、日本正学館に本部を置き、下獄中に解体していた会の再建に全力を尽くした。

「創価学会の歴史」（和泉覚著・聖教新聞社刊）によれば、「まる二年間の獄中生活は、戸田理事長の体を徹底的に痛めつけ、栄養失調、ゼンソク、心臓病、糖尿病、肺患等による極度の衰弱が進行していました。だが、出獄の翌日から、彼は再建活動を精力的に開始しました」。そして具体的な行動に移っていった。「彼はまず、彼の事業再開を知って集まってきた戦前の経済人グループ四人に対し、法華経講義をおこなうことを思いたったのである」（「革命の大河」上藤和之、大野靖之編）

その後、第一回幹部会が開かれ、続いて創価学会〝発祥の地〟ともいえる蒲田の小泉隆氏（現、都議会議員）宅で座談会を開催、六月には機関紙「価値創造」を復刊し、青年部を結成した。八月には再建後第一回の夏季講習会を総本山富士の大石寺で行い、群馬県で地方折伏を始め、創価学会再建を軌道に乗せ、布教戦線を拡大し、果てしない広宣流布の折伏大行進に出発しようとしていた。

氏の入信は、いわゆる創価学会の再建期で、会員は千名ほどで、毎月の入信は十から二十世帯であった。主だった会員は、理事長の戸田城聖、理事の本間直四郎、岩崎洋三、西川喜万、原島宏治、小泉隆、藤森富作、辻武寿、小平芳平、森田悌二、和泉覚、山浦千鶴子、柏原ヤス（現、参議院議員）、竜年光（現、都議会議員）ぐらいであった。

池田氏の恩師、戸田城聖は、明治三十三年（一九〇〇年）二月十一日、石川県江沼郡塩屋村（現在の加賀市塩屋）で、戸田甚七とすえの十一番目の子として生まれ、甚一と名づけられた。父は回漕業を営んでいた。

不思議なことに、初代会長牧口常三郎の父は船乗りであり、第三代会長の池田氏の父も、船に乗っていた。創価学会会長三代の共通点は、奇しくも〝船〟そして〝海〟である。

戸田城聖の恩師である牧口常三郎は、明治四年（一八七一年）六月六日、柏崎県刈羽郡荒浜村（現在の新潟県柏崎市荒浜）で、回漕業《かいそうぎょう》の船乗り、渡辺長松とイネの長男として生まれ、幼名を長七といった。三歳の時に父、長松は失踪《しっそう》し、夫婦は離婚して、父の姉の嫁ぎ先であった牧口家に養嗣子として引きとられた。牧口は小さい時から大変な秀才で、小学校しか出ていないにもかかわらず後に北海道尋常師範学校（現、北海道教育大学）に十九歳で合格している。

牧口と戸田の共通点は、日本海の寒村に生まれただけでなく、北海道に別天地を求めて移住したことであった。

明治三十七年、戸田城聖も四歳の時に家業の回漕業が北陸本線や東北本線の開通で打撃を受け、一家あげて北海道石狩川の近くにある厚田村の寒村に移住している。

当時、北海道移住者は、東北と北陸四県からが圧倒的な数を占め、なかでも戸田城聖の生まれた石川県は明治初年から始まった北海道開拓史のなかでもたえずトップの座にあり、戸田一家が移民した三十年代には一万四千弱の世帯が、北海道開拓に渡道していった。

その理由は、明治維新の〝船〟に乗り遅れた江戸時代の加賀藩《かがはん》の下級士族が、明治新政府に受け入れられず、北海道開拓の屯田兵《とんでんへい》として、新たな別天地をもとめなくてはならなかったからである。北海道には、加賀藩で開拓した加賀藩主の名前をとった〝前田村〟が今でもある。

渡道した戸田は、地元の厚田尋常小学校を卒業し、独学で尋常小学校准訓導（代用教員）

の資格をとり、大正七年、炭坑地帯夕張《ゆうばり》の真谷地尋常小学校に勤め、独学で正訓導、つまり代用教員から正教員になったが、大正九年、私事で同校を退職して上京、下谷の西町小学校の校長であった牧口常三郎に会い、代用教員として採用された。

牧口常三郎、戸田城聖の日蓮正宗への入信は、池田氏が産声をあげたばかりの昭和三年である。牧口を学者肌《はだ》とするなら、戸田は宗教人というよりは大変な切れ者で、激しい人生を自ら好んで生きた。生計のために下駄の露天商から生命保険の外交員までやり、今でいう進学塾を開いて、そこで使うテキスト「推理式指導算術」を百万部も売りつくしたというほどである。

一時は結核におかされ、妻、長女を失うという不幸に見舞われ、宗教に救いを見いだそうとキリスト教に入信したこともある。ともかく俗界に生きる人物で、一名〝ひばり天〟ともいわれて天国と地獄を一日で見てしまったような人柄であった。人間に乱世型と安定型があるとすれば、戸田はまさしく乱世型の人間であった。

創価学会の台頭期の戦後は、乱世そのものであったことが、戸田の活動の最大の舞台であり、創価学会の発展の一つの大きな要因になったことはいうまでもあるまい。近世の新興宗教の台頭をみても、江戸末期から明治維新の天理《てんり》、金光《こんこう》、黒住《くろずみ》教などの神道十三派の第一次ブーム、第二次が第一次大戦から日中戦争開始までの、大本《おおもと》教、ひとのみち（後の

ＰＬ教団）、生長《せいちょう》の家、霊友会《れいゆうかい》、そして第三次が戦後の混乱期に隆盛した霊友会から分派した立正佼成会、仏所護念会《ぶつしょごねんかい》、さらに創価教育学会から改称した創価学会であるように、いつの時代でも、混乱期における価値観の変化とともに新興宗教は台頭してきている。

氏が創価学会に入った時期は、いまさらいうまでもなく庶民生活の根底に流れていた天皇制絶対が衰退し、経済的にも思想的にも混乱の極に達していた。新憲法の信教の自由化策の下で、現世利益を説き続けた創価学会は、崩れさった旧体制、思想にかわって、庶民の心のよりどころの一つになったといっても過言ではあるまい。

戦後の混乱期に台頭した他の新興宗教の中には、その後、衰退の一途をたどるものがあった。にもかかわらず、創価学会が驚異的発展をとげて今日にいたっているのは「崩壊と喪失ばかりが実感される混乱のなかで、創価学会は人間そのものに光を当て、民衆を糾合し、一人一人の一体感を再形成させつつ巨大化してきた……」（「創価学会の理念と実践」東京大学法華経研究会編）ためである。それは現世利益を前面に押しだした現実の生活の場における幸福追求が根底にあるからであろう。

「勉強したかった」「魂をつかんでほしかった」と向学心に燃えてはいたが、池田氏は、混乱の中で不安な毎日を過ごしていた。その氏の前に絶対の〝確信〟をもった一人の男、戸田城聖が登場したのである。

「私の人生に、戸田城聖という恩師がいなかったとしたら、今日の私は無にひとしい存在であったにちがいない」

氏は著書「私はこう思う」の〝人生に負けてはいけない〟の項の冒頭に書いているが、これは現在の池田氏にとって〝本音〟ではなかろうか。氏にとって、昭和二十二年八月二十四日の東京・中野の歓喜寮での日蓮正宗への入信は、人生の一大転機であり、自らの「人間革命」の門をくぐった日でもあった。

氏は、正直いって同級生や担任の先生などに話を聞いても、目だたない不可のない平凡な少年であった。自分でも「私の履歴書」の中で「私の履歴書はいたって平凡である」と謙遜《けんそん》を含めて書いているが、客観的に見ても一人の平凡な少年であっただけではなく、貧困と病弱への憂いが入信前の氏の心の中にくすぶり続けていたはずである。

そんな〝弱者〟とも思える氏を〝確信〟をもって行動ができる〝強者〟に仕立てあげたのは、最初は法華経ではなく、人間・戸田城聖であったと自らも話している。それはまさに正しい。〝確信〟が困難な時代に〝確信〟をもっていた戸田城聖の〝十界〟を生きぬいたすさまじい〝生〟の強烈さ、加えて組織自体がもっていた鉄のような強靭《きょうじん》さによるのではなかろうか。

池田氏は、昭和二十四年一月から蒲田工業会を退職して、戸田城聖の経営する出版社「日本正学館」に入社、少年雑誌「冒険少年」(のちに「少年日本」と改題)の編集に従事した。創価学会の広宣流布活動のかたわら、戸田城聖に個人教授を受けた。そして〝確信〟をもって強信していった。そのころのことを、氏は、

「ほんとうに逃げだしたかった。厳しかったですね。いつも自宅に呼ばれて、法律、経済、物理、化学、天文学、漢文といった外国語を除いたあらゆる科目を個人教授していただきました。そのころ、通っていた学校(大世学院)にも行けませんでした。しかし先生は、青年の気持ちをこよなく愛し、大切にされた方でした……」

と述懐する。「人生に負けてはいけない」でも、こう書いている。

「二十四年正月から、恩師の下で働くことになったのである。仕事は厳しく忙しかった。敗戦後の日本経済は、難破船のごとくインフレの波濤《はとう》のなかであえいでいた。中小企業の一つであった恩師の事業も、この不況の波をかぶらざるを得なくなってしまった。

多くの社員は一人去り、二人去り、いつか債権者と渡り合うのは、私一人になってしまった。私の健康も生活の不如意も危殆《きたい》に瀕《ひん》していたが、先生のもとを去ることはなかった。むしろ、地獄の底までもお供しようという決心が、いつかついていたのである」

とにかく恩師の経営する日本正学館の出版活動は、大資本出版の進出によって窮地《きゅうち》に追い込まれ、破産寸前であり、社員の給与や執筆者への原稿料、画料にも事欠くありさまで

あった。

戸田は金融事業「東京建設信用組合」を発足させ、氏もその社員になった。しかし、当時の経済状況には勝てず、二十五年八月、世は朝鮮特需景気でわいていたにもかかわらず、大蔵省から営業停止を命ぜられ、戸田城聖も氏も債鬼《さいき》に追われる身になっていた。

戸田城聖は破産し、「ぼくは事業にやぶれたが、人生に、仏法にはやぶれない」（「人生に負けてはいけない」）と言い残して、創価学会の理事長の座をおりた。

そのころの池田氏は、先に述べたように父が熱心な不動明王の信者であり、信仰に関して家族との折り合いが思わしくなかったため、大森駅近くのアパート「青葉荘」で生活していたが、「給料はもらえず、アパートの一室でタクアンだけの夜食をとり、くつ下のほころびをつくろう」（「私の履歴書」）ような毎日であった。社に行けば債権者の強い取り立てに悩まされ、悪い時にはいろいろ困難が重なるもので、体調もますます悪くしてしまったという。

貧困と孤独と病身、家族、債権者との気まずい毎日……まさに〝出口なし〟の状況であった。だが氏は退転しなかった。それは恩師・戸田城聖への尊敬と信仰の強さがあったからであろう。〝出口なし〟のある日、氏が恩師に当時の流行歌の一節「こんな女にだれがした」をもじって「こんな男にだれがしたあ」とメロディーつきで問いかけたところ、戸田城聖が「おれだよ！」とオウム返しに答えて屈託なく笑ったという。いまにして思えば、ユーモラスなシーンであるが、前途暗澹《あんたん》たる当時の状況をよく物語っている。

〝不死鳥〟のような戸田城聖は、昭和二十五年秋、「大蔵商事」を設立した。大蔵商事は小口金融、保険代理業、不動産などを扱う商事会社で、氏はそこの営業部長にすわった。

しかし、氏の「若き日の日記から」によれば、「今月で、三ヶ月給料遅配。本日、少々戴く。帰り、大森にてシャツ等を購入。金五百六十円也」というぐらいで、経済的にはあまり芳しい状態ではなかった。

一方、そのころから創価学会は急速に飛躍していった。機関誌「聖教新聞」を創刊し、戸田城聖は第二代会長に就任した。昭和二十六年五月三日のことである。そのとき氏は蒲田支部の大森地区委員であった。

ちょうどアメリカ極東軍司令官であったマッカーサーが解任され、朝鮮戦争停戦会談が始まり、吉田茂一行はサンフランシスコで講和条約と安全保障条約に調印し、形式的にはアメリカの占領政策にピリオドが打たれた。しかし内情は〝独立国日本〟にはほど遠く、占領下とひとつも変わってはいなかった。他国の戦争による特需景気でわいた、ゆがんだ日本経済は、やがて停戦とともに破綻をきたした。パチンコと天才歌手、美空ひばりの「りんご追分」がブームを巻き起こしていたが、この時期から創価学会の折伏大行進が開始されていった。

池田氏の昭和二十六年から会長就任までを年表や文献からピックアップしてみると、

昭和二十六年　男子部班長。公称世帯数は五千八百世帯。

二十七年　蒲田支部幹事。男子部参謀。幹事で指揮した蒲田支部月間二百一世帯は広布史の今も語りつがれている。白木かねさんと結婚した五月には、男子部情報参謀兼第四部隊幹部長兼教育幹部。十二月には教学部助教授。公称二万二千世帯。

二十八年一月　男子部第一部隊長。四月には文京支部長代理。「太作」を「大作」に改名。公称七万世帯。

二十九年三月　青年部参謀室長。情報部最高顧問。十月には教学部教授。十二月には渉外部長。

日本正学館編集時代の池田氏
（昭和24年、21歳）

三十年三月　「小樽問答《おたるもんどう》」に司会として参加。そのころ、大田区小林町の新居に移転。十二月十日、父、子之吉死亡。公称三十万世帯。

三十一年　室長として大阪を指導。池田室長の指揮する大阪支部は一万一千百十一世帯という公布史上に不滅の金字塔を打ち立てる。文化部三人（全国区辻武寿、北条雋八、大阪地方区白木義一郎）が参院に当選。公称五十万世帯。

三十二年七月　池田室長、大阪府警から選挙違反の容疑で出頭を命じられ、大阪拘置所に二十日拘留されたが無罪。公称七十五万世帯。

三十三年四月二日　戸田城聖死亡。六月総務。公称百五万世帯。

三十四年六月　理事。参院選に六名全員当選。公称百三十万世帯。

三十五年四月十九日　第三代会長就任が発表され、五月三日、創価学会第三代会長に就任。氏三十二歳。

以上が池田氏の入信から会長就任までの略歴である。その中には氏にとって人生の大きな〝節《ふし》〟になったのではないかと思われる三つの事柄がある。一つは結婚、そして父の死、さらに恩師・戸田城聖の死である。

池田氏の結婚は、私が訪ね歩いて取材した同級生の中では比較的早い昭和二十七年五月三日である。氏二十四歳、かね（香峯子）夫人二十歳であった。

かね夫人は旧姓は白木で、叔父は参議院大阪地方区から選出されている公明党議員の白木義一郎氏である。白木氏は、プロ野球元東急フライヤーズの投手であった。父、薫次氏は岐阜県山県郡出身で、戦前からの信徒一家であり、東京中央区にある砂糖会社井筒商会の常務である。かね夫人はその二女で、当時は住友銀行のＯＬ、熱心な創価学会員であった。媒酌人は理事の小泉隆氏、恋愛結婚であった。

氏は若い結婚について、

「私の場合は、新潟鉄工に女房の兄貴（白木文男氏）が学徒動員できていて知り合いになっていた。女房は、彼から妹ですといって紹介され、交際するようになったんです。結婚する気になったのは、前会長が経営していた会社（大蔵商事）の営業部長を一時やっておりました時に『早く結婚したほうが社会的にも信用がつくのではないか』といわれて決心しました。現在は男の子三人（注＝長男、三男が慶応義塾大学文学部と法学部、そして二男は創価大学）います。息子たちも熱心な一学会員です」

結婚後の氏は、新井宿（大田区）から目黒の借家に移転して、しばらく生活したが、その後、山王のアパートに移ったあと、夫人の父から借金して小林町（大田区）で借家住まいした。借りた金は分割で返済したという。小林町の家はその後、環状八号線の道路用地にかかり、信濃町に移り住んだ。

〝強情さま〟といわれた父、子之吉さんの死について、氏は「わが父を語る」（「女性抄」）で、

「私は間もなく日蓮正宗に入信し、信仰の意見対立が、父との間に起きた。私は侘《わび》しいアパートにひとり移った。私の結婚問題が起こった時、恩師が父に話してくれた。父は恩師を心から信頼したのだろう。快諾《かいだく》し、以後、一口も口をはさむことはなかった。晩年、喘息《ぜんそく》をわずらい、医師は煙草を禁止したが、父は最後まで喫煙をやめなかった。三十一年十二月十日夜、家の者たちはテレビを見ていて、父の静かな死に気づかなかった。私は、一時間おくれて父に対面したが、静かに眠っているようであった。孝養する暇もなかったが、父は私の父である」

と書いている。氏にとって父、子之吉さんは「ただ寡黙《かもく》で、何を考えているのかわからぬ父に対し、断絶した子どもたちは、いたずらに父を批判した。——進学のことも考えてくれない。進学しても洋服ひとつ考えてくれない。非難はすべて父に集中した」(「わが父を語る」)など不満を抱いていたようだ。

氏は少年時代に家業の不振と病身、そして家長権の衰退した時代の中で、急激に〝なにか〟を求めていたのであろう。そういう面では父はただ強情で寡黙な人と映ったとしてもしかたあるまい。だから氏は人生の師を欲していた。その心情が、戸田城聖の〝人間〟の中に人生の師のある姿を、無意識にではあるがかいまみたのではないだろうか。その渇望が、氏を〝入信〟〝強信〟へと押しあげていったのではないか、と思われてならない。

一方、子之吉さんは子之吉さんで、宗教の世界に没頭していった息子に対して親として素朴な寂しさを感じていたようだ。わが子を思う父性愛から無理からぬ心情であろう。

逝去1か月前の恩師戸田城聖氏と池田氏

「桜の花の咲くころ死にたい」と氏にもらしていた戸田城聖は、昭和三十三年四月二日、桜の季節に他界した。

「極度の衰弱状態に陥りながら、それでもなお先生は、総本山の大講堂落成の式典で指揮をとっておられました。日大病院へ入院されたのは四月一日。翌日、私は信濃町の旧学会本部で首脳たちと連合会議を開いていました。先生のご子息、喬久君から電話が入ったのが午後六時四十分ごろです。喬久君が受話器の向こうから落ち着いた語調で『ただ今、父が亡くなりました』と私に告げました。ほんとうに悲しかった、こんな悲しみは後にも先にもありません」

当然であろう。人生の師として仰ぎ、〝確信〟なき〝弱者〟から〝確信〟をもった〝強者〟へ変革のムチを振ってくれたその人の死であったのだから……。

「わしの死んだあとは頼むぞ」の遺言を忠実に守って生きなくてはならない重責がその時から氏の両肩に重々しくのしかかった。それは今でもおろすことはできない。戸田城聖五十八歳、池田大作三十歳であった。

第三代会長

「日本の歴史、そして世界史に、永遠に刻みつけられるであろう、一つの偉大な儀式が、今まさにはじまろうとしていた。時に昭和三十五年五月三日、東京・両国の日大講堂は、全国から結集した二万五千の学会員で埋まり、喜びと緊張にふるえながら、創価学会第三代会長就任式の開会を今や遅しと待っていた。

〔……〕日本、いや全人類が、その生命の深層で恋いこがれながら、いまだ受持しえなかった日蓮大聖人の仏法を世界に流布すべき希有の人間指導者の出現。それが第三代会長出現の意味でもあった」

以上は「創価学会四十五年史　革命の大河」（上藤和之・大野靖之共著）の中で、池田大作氏の第三代会長就任の意義を書いたものである。門外漢《もんがいかん》の私にとっては〝いささか〟の感もあるが、それはさておき、戸田会長死後、二年間は会長不在であり、その間、幹部

創価学会第3代会長に就任、胴上げされる池田氏
(昭和35年5月3日、32歳)

集団指導制のトロイカ方式をとっていた。が、学会内から「一日も早く三代会長を」の声が徐々にもちあがってきた。

「私にとっては、困ったことになったな、と思って何回も断ったんですが……」

と池田氏は語る。が、四月十五日の本部部長会議で、全員が当時総務であった氏の会長推戴に賛同して、十九日緊急大幹部会が召集され、正式に弱冠三十二歳の新会長が誕生した。

五月三日、就任式が行われたが、そのシーンを先の「革命の大河」でみると、こうである。

「正午。音楽隊の演奏がはじまるや、本部旗を先頭に、池田会長や首脳部がいよいよ入場を開始した。会長のひとみは、正面天井にかかげられた恩師・戸田前会長の写真をきっと見つめ、何かを語りかけているようにみえた。

池田新会長の登壇である。一瞬、場内は静まりかえった。

『本日より、戸田門下生を代表して化儀の広宣流布をめざして、一歩前進への指揮をとらせていただきます……』朗々とした声が響きわたった。世界平和を構築する新しい指導者の誕生が今まさに全世界に向かって宣言されたのであります」

〝強情さま〟の子として生まれて三十二年目、「一葉の写真」から十八年目、入信してから十三年目であった。こうして第三代会長に就任し〝民衆から生まれた無冠の王者〟といわれた氏は、恩師の七回忌までに〝三百万世帯の達成〟〝大客殿の建立〟を実現する、とのスローガンをかかげ、世界平和への前進を開始したのである。

そして今日、世界約九十か国に各国独自の活動をし、現地の人たちが中心となって運営、推進するまでになった。

いずれにしろ、こうした平和文化運動の推進は恩師・戸田城聖の偉大な構想を実現するための行動であった。

「創価学会ニュース」第五十号によれば、氏が会長に就任してからの会員数の推移は次の通りである。

「創価学会の世帯数推移」

昭和三十五年	一四〇万世帯	前進の年
三十六年	二三〇 〃	躍進の年

三十七年	三〇〇 〃	勝利の年
三十八年	三九五 〃	教学の年
三十九年	四三〇 〃	団結の年
四十年	五〇〇 〃	勝利の年
四十一年	六〇〇 〃	黎明の年
四十二年	六二〇 〃	躍進の年
四十三年	六八〇 〃	栄光の年
四十四年	七五〇 〃	建設の年
四十五年	七五五 〃	革新の年
四十六年	七五七 〃	文化の年
四十七年	七五九 〃	地域の年
四十八年	七六二 〃	教学の年
四十九年	七六五 〃	社会の年
五十年	七七五 〃	教育・家庭の年
五十一年	七八一 〃	健康・青春の年

その内訳は「国内資料」（昭和五十一年十月二十四日現在）によると、

一、世帯数　　七八一世帯

二、青年部員数

　男子部　二五七万人

　女子部　一六〇万人

　学生部　二八万人

　高等部　二〇万人

　中等部　二〇万人

※学生部、高等部、中等部は各々男子部女子部の中に含まれる

三、教学部員数　一九四万人強

四、機関紙・誌

　聖教新聞　四五〇万五千部

　大白蓮華　二二八万部

　聖教グラフ　一〇八万部

また、「海外資料」によると、

一、会員数　約四三万人（会員の居住する国約九十か国、四地域）

　北米　二三七、五〇〇人

　中米　八、四五〇人

南米　　　　一三四、九八〇人
東南アジア　三九、〇〇〇人
（オーストラリアを含む）
欧州　　　　八、六〇〇人
中近東
アフリカ｝　二、四〇〇人

池田氏が会長に就任してから、恩師・戸田城聖の〝宿願三百万世帯〟を二年目にして達成した。とどまるところを知らず四十年には五百万の大台にのせた。そして翌年には〝宿願の倍〟の六百万を達成し、四十四年には七百五十万世帯まで押し上げた。まさに高度成長経済そのものの推移である。

会長に就任した昭和三十五年は〝六〇年安保〟で岸信介内閣が退陣し、かわって登場した池田勇人内閣が打ち出した〝所得倍増計画〟が、日本経済の高度成長の起点になった。だが、巨大資本は高度成長、開発を旗じるしに私たちをとりまく自然的、社会的環境を文字どおり一変させてしまった。いたるところの海岸が埋め立てられ、そこには大工業地帯が誕生する。森林や農地を乱開発してレジャー施設やマンモス団地がつぎつぎとできていき、労働力は都市に集中して農村は過疎化する。繁栄のかげにいたるところで公害がどす黒く噴きだし〝列島汚染〟といわれるまで深刻化していった。農村から大都市に集中した人たちはエコノミック・アニマルの先兵として走り続けた

そこには激烈な生存競争の論理が渦まき〝弱肉強食〟がビジネスの名のもとに大手を振ってまかり通っていた。

創価学会はどちらかといえば〝都市型〟の宗教である。高度成長で大都市に集約された人たちの空疎化した精神不毛の砂漠に法華経とともにしみ込んでいったのである。

そして大客殿の建立、三百五十億円の巨額な浄財を集めた今世紀最大の建築物、正本堂の建立、さらに創価大学、創価学園、富士美術館、民音、公明党の結成……とイベントの数々が公宣流布と相まって展開されていった。

一人一人の人間に光をあてることによって会員を鼓舞し、法華経を支えとしながら巨大集団への一途をたどり続け、昭和四十五年には、七百五十万世帯・一千万人、日本の人口の一割弱を創価学会会員としたのである。

四十五年以後は、政教分離、言論問題がネックになって成長カーブはやや頭打ちの感がないではない。日本経済の高度成長神話が砂上の楼閣化したことと偶然にも同じだということは、何を物語っているのであろうか——。

しかし、池田氏が入信した時の会員がわずか一千人であったことを考えれば、現在の公称数七百八十一万世帯は、世界の宗教史に見ることのできない驚異的数字である。この急成長をやりとげた〝男〟が「一葉の写真」に写る《池田太作》少年の三十年後の姿であった。

旅立ち

　昭和五十年五月三日、創価大学を主会場に池田大作会長就任十五周年記念式典が行われていた。氏は、「一千万人会員に心から感謝の意を表すとともに、今後もこれまでに倍して愛する会員を守るためにひた走る」(「革命の大河」)と五千人余にのぼる会員の前で挨《あい》拶《さつ》した。氏は入信してから三十年、いまもなお学会一本の道を歩き続けている。そんな氏に、少年時代を過ごした〝わが町・羽田〟について聞いてみた。

「大変に懐かしく、そして空想的に広がるものがあります。反対に非常に悲しい面もございます。両方が交差しています。なるたけならいい思い出にしようと思って『人間革命』を書いている最中に、あのへんを夜に二、三回まわったんです。

　いい思いは、いい思いとして残したいけれども、現実はほんとうの繁栄ではありませんし、庶民もいろいろ流転ですからね。その点は残念です。

私個人の小学校時代、高等科時代はわりあい町のまわりの子どもも純朴でしたから、その次元だけをとらえれば、大変に懐かしいところです。いまはもう……。ですから、私も蒲田を離れないでいれば、ずっとあそこにいたんですよ。小林町（大田区）に十何年間いて、それから……今は、聖教新聞社の近くに住んでいます。昔は浅草の向こうの下町よりも、羽田はもっと田舎で、もっと土着的で、〝文化果てる〟ところだったんです。当時は中学校といっても、御園中学と荏原中学の二つぐらいしかなかったんですからね、いわゆる旧制の中学は……。

蒲田から品川まで行くのは、大変な旅行だと思ったくらいですもの。大井町までも行けなかった。それは京浜急行電車はありましたよ。だけど今の状況とは違うんです。品川というのは〝都〟のように感じられたものです。

また、横浜には横浜の文化がある。川崎も若干横浜に近いでしょう。しかし、蒲田といったらまったく谷間でしたから……。だから大井町あたりに住みたいと思ったことがありました。少年のころ、大森でもいいなあと思いました」

〝文化に恋いこがれた〟氏の本音ではなかろうか。

私の取材はそろそろピリオドを打つ時期になってきた。不明者の十数人を残してはいるが……。しかし私は不思議なことに気づいた。私が今まで会った二十数人の人たちの家業で、海に関係して生計を立てていた人は、池田氏の海苔屋と渡し船の船頭だった松沢芳夫さんだけであったことだ。

彼ら四十四人が入学するころの羽田及び周辺の人たちの職業は、その約四〇％が漁師で占められていた。この人たちの多くは「漁師には学問はいらぬ」という考えをもっていて、学問にはあまり重きをおいていなかった。小さいころから海に慣れさせないと、大人になってから一人前の漁師になれない、ということから就学時にはもう海につれていくほどで、入学しない者が非常に多かった。「学校で船のこぎ方おしえてくれるか！」というのが親たちの一致した理屈だったのである。

昭和七年ごろの兵隊検査の学歴を調べてみても、不就学者が五人、尋常小学中退が三十九人、尋常小卒が百十九人、高小卒が十四人、中卒以上が二人で、ほとんどの人が尋常小学校卒業者である。

萩中国民学校に進学した羽田第一、第二、第三小学校の昭和七年の児童の保護者をみても、三千二百九十六人中、漁業が六百四十四人でトップ、次が農業兼海苔屋の五百五十人で三割以上を占めている。また、小学校卒業生の上級学校への入学者をみると、第一が旧制中学に三人、第二が四人、第三が一人である。そして高等科にはいったのは一割の三百二十人であった。

要するに、「一葉の写真」に写る四十四人は〝わが町・羽田〟ではエリートだったわけで、土地っ子では田中さんや松原さんのような米屋や薪屋の子息で、経済的にもある程度上層階級の人たちであった。加えて羽田周辺に出現した荏原製作所や大谷重工、日本特殊鋼、明電舎などに勤めるため他の土地から流入してきた勤め人たちの子息であった。

漁師の子息たちは、高等科などには入学する必要もなく、また経済的にも〝上がる〟ことができなかったのは当然なことであった。彼らは海を見て生活していればよかったのである。それが近代化の波と高度成長の悪夢で海は失われてしまった。その人たちは今、工場地帯の先兵として汗と油の戦場で、銃を撃ち続けている。

何度もいうようだが、《池田太作》少年の三十数年後の〝現在〟は、創価学会一千万人の先頭に立つ〝偉大なる指導者〟池田大作である。

「私はこうなるつもりはなかったんですけど、どういうわけでこうなったのか……。戸田先生とのめぐり合いが大きな起点でしたが……」

現在おかれた立場と結びつけて、三十数年間の自らの軌跡をしみじみと思い浮かべるのだが、この個人の大変革は、昭和なる時代の〝生きざま〟そのままだと私には思える。

またここに取り上げた人々の体験は、決して特殊ではない。生きてきた環境からの特異さはあっても、昭和史の大きな流れの中では特殊ではない。日本人のすべてが、この五十年の歳月の中でどれほど打ちのめされ、しいたげられてきたことか。死や貧困による恐怖におびえ、苦闘し呻吟《しんぎん》し続けて今日に至っている。

私が取材した人々は、それぞれが時間と空間の中で精いっぱい生きてきた。誰もそこから超越して生きることはできない。「一葉の写真」をきっかけに、何かがあるはずだ……と駆けずり回った私がつかみ得たものは、この激動の時代の中で、ひたむきに〝幸福〟を追い求めて生きてきた人間の切なさであり、歓びの詩であった。

その意味では、池田氏も他の四十三人の同級生も何ら変わらないだろう。みんな〝庶民〟の一人なのである。

「一人の人間を不幸にし、犠牲にしながら自分だけ栄えていく時代は終わりました。みんなが幸福にならなくてはいけませんね」

池田氏は最後に、こう力強く結んだが、それはこれからの〝昭和史〟をつくりあげるための大きな課題である。

「さて、カレーライスを食べますか」

秘書が運んできたカレーライスを、氏は私と一緒に食べ始めた。食べるその口元に〝大いなる庶民〟を感じさせて……。

エピローグ

私の作業は終わった。

昭和十七年春から五十二年春までの、三十五年間の船旅は……。

この「一葉の写真」との対面によって、三十数年前までの軌跡をむりやりにさかのぼらされた人もいただろう。私は、この四十四人の昭和史は、とりようによってはまるで〝地獄絵〟ではないか、とすら思った。

しかし、前章で書いたように、彼らは〝どっこい生きてきた〟のである。そして、これからも「一葉の写真」を胸に生き続けていくに違いない。

池田大作氏にとっても、この写真は心理的にいろいろな波紋を起こしたことだろう。ただ、その立場を考えるとき、「池田大作の人間革命」のドラマは終わらないように思う。指導者としての果てしない旅が続くのではないか、「一葉の写真」の世界と別に……。

最後に、悲しい知らせを書こう。

「一葉の写真」に写る四十四人の一人、あの高崎の住人、骨をポキポキと鳴らし、うつろな目をしていた《木闇武雄》さんが、昭和五十一年六月に死んだ。

「焼き場行けば楽になるんだ！」と、最後にいった言葉が今でも耳の底に……。

慎んで御冥福《めいふく》をお祈りいたします。合掌。

参考図書
「墓標なき八万の死者」角田房子著
「満蒙開拓青少年義勇軍」上笙一郎著
「満州建国十年史」満州帝国政府編
「満蒙終戦史」満蒙同胞援護会編
「朝鮮人強制連行の記録」朴慶植著
「日本のなかの朝鮮」宇佐美承他著
「秘史朝鮮戦争上・下」I・F・ストーン著

「太平洋戦争陸戦概史」林三郎著
「軍閥興亡史」伊藤正徳著
「東京大空襲・戦災誌」一〜六巻　東京空襲を記録する会編
「昭和史」遠山茂樹他著
「昭和の戦後史」一〜五巻　家永三郎他著
「羽田郷土史」羽田小学校編
「羽田史誌」橋爪英麿編
「大田区地名由来」大田区教育委員会
「海苔の歴史」　〃
「大田区の文化財」　〃
「史誌」大田区史編纂室編
「入新井町誌」角田長蔵編
「北海道の歴史」榎本守恵著
「群馬県の歴史」山田武麿著
「昭和世相史」平凡社編集部編
「日本軍歌百年」宮田輝監修

「私の履歴書」池田大作著
「人間革命」全九巻　池田大作著
「池田大作選集」池田大作著
「創価学会四十五年史・革命の大河」上藤和之・大野靖之編
「創価学会の年表」森田康夫著
「創価学会の歴史」和泉覚著
「創価学会とは」森田一哉著
「創価学会の理念と実践」青木亨編
「創価学会のやさしい数学」①宮本忠憲編
「大石寺」聖教新聞社編
「正本堂」　〃
「女性抄」池田大作著
「池田大作」室伏高信著
「池田大作」小林正巳著
「創価学会」佐木秋夫・小口偉一著
「私の見た創価学会」浅野秀満著

「創価学会を斬る」藤原弘達著
「続・創価学会を斬る」藤原弘達著
「池田大作を裁く」さとう・せいこう著
「池田大作　権力者の構造」溝口敦著
「創価学会の理念と実践」東京大学法華経研究会編
「創価学会ニュース」創価学会広報室編
「正本堂への道」松岡資編
「人間革命の記録」石元泰博・富山治夫著
「日蓮正宗と創価学会」辻武寿編
「日蓮正宗創価学会の教義」桐村泰次編

あとがき

この書は、講談社月刊「現代」（昭和五十一年三月号）に人間ルポ・「池田大作の書かれざる少年時代」として発表したレポートに新たに取材を加えて書き下ろしたものです。

取材期間は、昭和五十年夏から五十二年春までの約一年と八か月間でした。取材には「萩中今昔会」の皆さん、とくに幹事役の田中義章、源川正、石井政治、原田巖の各氏、私とともに路地裏をさまよっていただいた先輩、奥村賢二氏、講談社編集部の正岡貞雄、土屋和夫氏、そして、たえずはげましていただいた「講談社記者会・群論」のメンバー各位に大変にお世話になりました。

また、本書の出版にご尽力いただいた読売新聞社出版局図書編集部長の笠井晴信氏に心からお礼申し上げます。

昭和五十二年春

東京・羽田〝深土《ふかんど》〟にて　平林　猛

復刊のためのあとがき

本書は、ひょんな事で再版されることになりました。ひょんな事とは今年の9月、大先輩であり、大恩を受けた日刊ゲンダイの会長であった川鍋孝文（元講談社）さんの「お別れの会」の席上、銀座のバー「夢や」の女将角川清子さんに展望社の唐澤明義（元講談社）さんを紹介していただき、再版を前向きに考えていただきました。川鍋さんは本書を四十年前に出版したときささやかな会を開きましたが、その会に作家の五木寛之さんとご一緒に来ていただきました。そんなことがあり、今回の再版も川鍋さんのお引き合わせでだと感謝しております。

さて、この本に関してですが不思議なことに、原本が私の手元になく、気になり版元の読売新聞社に問い合わせたが絶版でした。そんな話を赤坂のとあるＢＡＲで友人の金丸尚志さんに話したところ、早速、ネットを駆使して探し出していただき、四十数年ぶりの対面でした。

しかし、この本は私どものような無名の者の本としては破格の出版部数でしたが、不思議なことに、本屋には出回らず、いつの間にか、膨大な出版物の波間に消えてしまい、陽の目を見ることがなくなっていました。

今回、皆様のご尽力で、再版されたことを、〝わが町・羽田〟の路地裏やさまざまな場所で〝私的な昭和史〟語っていただきました方々にご報告させていただきます。

最後になりましたが、私のプロフィール写真を撮影していただいたドキュメンタリー映画監督の杉浦弘子さん、かげから応援してくれた妻康子に感謝いたします。

また、再版を快諾していただいた展望社の唐澤明義さんのご厚誼にお礼申しあげます。

そして、講談社週刊現代の記者会時代、一緒に事件やスキャンダルを追い回していた仲間たちの多くが時の流れかこの世を去っています。この〝心優しき猛者〟たちに、この場を借りて、本書の再版を報告したします。合掌。

平成二十七年師走
見沼たんぼ　渕　にて
平林　猛

平林《ひらばやし》　猛《たけし》

映像プロデューサー。１９４１年東京羽田生まれ。講談社『週刊現代』記者を経て、テレビ界に転進、番組企画、プロデュース、イベント制作、映画製作などを手掛ける。主な作品に『黄金街道』（日本テレビ）、『生テレビ！東京探検』（テレビ東京）、中国改革解放三部作『華僑パワーの挑戦』『大連発！チャイナコレクション』『百花繚乱！華々芸術祭』（ＮＨＫ—ＢＳ）、『アジアWOWSWOW』（ＮＨＫ—ＢＳ）、『快適都市へのシナリオ』（ＮＨＫ—ＢＳ）、『にっぽん木造駅舎の旅』（ＮＨＫ—ＢＳ）、イベント『快適都市へのシナリオ』『人類の病・糖尿病と歯周病』（ＮＨＫ—ＢＳ）、『シンフォニー・ジャパン』（ＢＳジャパン）など多数。映画のプロデュースとしては『祭爆！津軽三味線・高橋裕次郎』、ドキュメンタリー映画『ぬくめどり～鷹匠の世界～』などがある。著書に『巣立ちの日々』（読売新聞社）、『日本人高見山大五郎』（講談社）、『にっぽん木造駅舎の旅』（平凡社）など多数。

池田大作名誉会長の羽田時代
——卒業写真に写る同級生たちの戦後

二〇一六年二月一八日　初版第一刷発行

著　者——平林　猛
発行者——唐澤明義
発行所——株式会社　展望社

郵便番号一一二—〇〇〇二
東京都文京区小石川三—一—七　エコービル二〇二
電　話——〇三—三八一四—一九九七
ＦＡＸ——〇三—三八一四—三〇六三
振　替——〇〇一八〇—三—三九六二四八
展望社ホームページ http://tembo-books.jp/

定価はカバーに表示してあります。
落丁本・乱丁本はお取り替えいたします。

ISBN978-4-88546-310-5